AF567504

BLUMENAU

SONNENLICHT AUF DAS DASEIN

DIE BEDEUTUNG DES HERZ-SUTRAS

geschrieben von
Choney Lama, Drakpa Shedrup
(1675–1748)

Aus dem Originaltext ins Englische übersetzt
von **Geshe Michael Roach**
zusammen mit Elisabeth van der Pas

Aus dem Englischen ins Deutsche
übersetzt von Peter Mörtl und Eva Balzer

Lektoriert von Christiane Biskup

Vielen Dank an Ula Byglewski
für die finanzielle Unterstützung.

Um Tibetisch, Sanskrit und Chinesisch gekürzte Ausgabe
1. Auflage Dezember 2021
EditionBlumenau
Hamburg
www.editionblumenau.com

Titel der amerikanischen Originalausgabe:
Sunlight On Suchness
Copyright ©2020 Geshe Michael Roach. Alle Rechte vorbehalten.
Teile des Textes dürfen mit der Genehmigung des Autors reproduziert werden.
Bitte mailen Sie Ihre Anfrage an: geshemichael@gmail.com
Band 89 der Diamantschneider-Klassiker Buchreihe
Diamond Cutter Press
6490 Arizona Route 179A
Sedona, Arizona 86351
USA

Copyright der deutschen Ausgabe: © 2021 EditionBlumenau, Hamburg
Das Werk ist urheberrechtlich geschützt.
Sämtliche, auch auszugsweise Verwertungen bleiben vorbehalten.

Illustrationen: Yasmin Jessen, www.yasminjessen.de
Layout: Silvia Engelhardt

Wir freuen uns auf Ihren Besuch:
www.editionblumenau.com

DIE DIAMANTSCHNEIDER-KLASSIKER BUCHREIHE

Diese Buchreihe ist eine Sammlung von 108 wichtigen Büchern, die der Welt helfen sollen, ein neues Modell für äußeren und inneren Wohlstand und Frieden zu entdecken. Die Reihe umfasst Werke aus vier Bereichen.

1) Wegweisende Übersetzungen der großen spirituellen Klassiker des alten Asiens, die von 2.500 v. Chr. bis etwa 1.700 n. Chr. reichen. Viele dieser Werke wurden noch nie zuvor übersetzt. Diese Übersetzungen von den alten Originalen ins Englische werden von einer internationalen Gruppe von Übersetzern am *Sedona College of International Management* (SCIM) in Arizona, USA, angefertigt. Wir nennen uns selbst die „Mixed Nuts", weil wir unterschiedliche nationale Wurzeln haben und immer mit viel Spaß und Freude an diese wertvolle Arbeit herangehen. Unsere Partner auf der ganzen Welt übertragen diese Übersetzungen in weitere moderne Sprachen – unter anderem in das moderne Chinesisch, Französisch, Russisch, Deutsch, Arabisch, Indonesisch, Vietnamesisch und Spanisch.
2) Beliebte Bücher, die sich damit beschäftigen, wie diese alten Weisheiten im modernen Leben für Erfolg im Geschäftsleben, für persönliche Beziehungen, für Gesundheit, Glück und für die Schaffung einer besseren Welt eingesetzt werden können. Wir sind uns bewusst, dass die Originaltexte vermutlich schwierig zu verstehen sind und es nicht leicht ist, die Inhalte auf das moderne Leben anzuwenden. Diese Bücher sollen dabei helfen, diesen Transfer reibungslos zu gestalten.
3) Bücher, die aus Kurshandbüchern für die 36 Kurse des *Asian Classics Institutes* (ACI) erstellt wurden. Diese bestehen aus 6.800 Seiten Originalübersetzungen der alten spirituellen Klassiker Asiens, die als Kurse für diejenigen zusammengestellt wurden, die ein diszipliniertes Studium und die Praxis dieser kostbaren Weisheit durchführen möchten.
4) Bücher, die aus den Programmhandbüchern für die 12 Level des persönlichen und geschäftlichen Erfolgstrainings des *Diamond Cutter Institutes* (DCI) erstellt wurden. Diese Handbücher umfassen insgesamt 1.800 Seiten mit Ideen und Konzepten aus den alten Klassikern, aus denen praktische Werkzeuge gemacht wurden, die in der Anwendung im täglichen Leben sehr hilfreich für Menschen aller Nationen und Glaubensrichtungen sind.

INHALTSVERZEICHNIS

VORWORT

VORWORT

Vor einigen Jahren besuchte ich Vancouver, um dort bei einem chinesischen Meister Unterricht im klassischen *Dao De Jing* (wird auch *Tao Te Ching* geschrieben und bedeutet *Die Kunst der Guten Taten)* zu nehmen, um die Geschichte und Kultur Chinas besser zu verstehen. Gleichzeitig nahm ich bei einem versierten Experten aus China Unterricht in *shu-fa* (traditionelle chinesische Kalligrafie).

„Die Meister der Kalligrafie gehen in meiner Familie viele Generationen zurück", erzählte er mir. „Meine Vorfahren haben zum Beispiel die Schriftzeichen für einige der berühmtesten schriftlichen Versionen des *Herz-Sutras* gestaltet, die jemals in China erschienen sind."

Ich nickte, denn ich wusste, dass er tatsächlich ein herausragender Kalligraf war. Einmal hatte ich ihn dabei beobachtet, wie er einen Pinsel von der Größe eines Wischmopps benutzte, um ein Stück Pergament zu bearbeiten, das sich von einer Seite des Raumes zur anderen erstreckte.

In dem Moment kam mir ein Gedanke und ich fragte: „Mich interessiert sehr, wie das *Herz-Sutra* ins Chinesische übersetzt wurde, und all die unterschiedlichen Bedeutungen, die die Zeichen vermitteln können. Könnten Sie mir ein wenig davon erzählen, zum Beispiel vom Anfang des Sutras?"

Er lachte und sagte: „Das Sutra ist seit vielen Dynastien eines der berühmtesten in China, aber um die Wahrheit zu sagen: Meine Vorfahren und ich haben nie viel Zeit damit verbracht, seine Bedeutung zu verstehen. Ich kann Ihnen aber sagen, dass es ziemlich schwierig und sehr verwirrend ist!" Dann fuhren wir mit unserem Unterricht fort und ich lernte, die Zeichen zu kalligrafieren.

Das *Herz-Sutra* und sein Cousin, das *Diamantschneider-Sutra,* sind die beiden berühmtesten Werke buddhistischer Literatur, die jemals gelehrt wurden. Viele Menschen, vor allem in Asien, können das *Herz-Sutra* auswendig rezitieren und tun dies jeden Tag hingebungsvoll. Aber die Bedeutung des Sutras ist für viele von uns, mich eingeschlossen, nicht klar. Wir spüren durch die schiere Heiligkeit der Worte, dass es wichtig – extrem wichtig – sein muss, aber wir können nicht behaupten, dass wir es wirklich verstehen.

Ich habe mit diesem Problem viele Jahre lang gerungen, da ich häufig mit dem Sutra zu tun hatte. Hin und wieder begegnete ich ihm während der Buddhismus-Kurse an der Princeton Universität, wo ich studierte. Während der mehr als 25 Jahre, die ich in buddhistischen Klöstern verbrachte, um an meinem Geshe-Abschluss zu arbeiten, rezitierten wir das Sutra oft als Teil einer *Dok*-Zeremonie, die dazu gedacht ist, Hindernisse, die uns bei der täglichen Praxis und bei tugendhaften Projekten begegnen, aus dem Weg zu räumen.

Mehrmals in der Woche, vor unseren strapaziösen Sitzungen im Debattier-Park des Klosters, setzten sich Hunderte Geshe-Kandidaten gemeinsam hin und rezitierten das Sutra 21 Mal hintereinander – in halsbrecherischer Geschwindigkeit und in einem mitreißenden Gesangsgetöse. Aber um ehrlich zu sein: was das Sutra genau bedeutet, wurde uns nicht gelehrt.

Dies änderte sich, als ich meinen wichtigsten tibetischen Lehrer kennenlernte: den herausragenden Khen Rinpoche Geshe Lobsang Tharchin, Abt des großen tibetischen Klosters Sera Mey, der mich über zwei Jahrzehnte lang persönlich lehrte. Ich glaube, das erste Mal, dass ich ihn das Sutra lehren hörte, war in den 1980er-Jahren an der Columbia Universität in New York, wo er auf Einladung des amerikanischen Sanskrit-Gelehrten, Dr. Alex Wayman, über das Thema sprach.

In den folgenden Jahren hatte ich das Glück, noch viele weitere Erklärungen des Sutras von Khen Rinpoche und anderen bedeutenden tibetischen Lamas zu hören. Da das Sutra eines der kürzesten ist, die es gibt, wird es gerne verwendet, wenn nur eine einzige oder wenige Klassen vorgesehen sind. Seltsamerweise gibt es jedoch unter den Tausenden von alten buddhistischen Kommentaren nur sehr wenige spezifische Erklärungen des *Herz-Sutras.*

Das Sutra ist aus mehreren Gründen erklärungsbedürftig. Erstens spricht der Buddha in Extremen, um seine Zuhörer aufzurütteln und sie dazu zu bringen, gute Fragen zu diesem wichtigsten aller Themen – Leerheit – zu stellen. Zweitens wird das Sutra nicht einmal direkt von Lord Buddha gesprochen. Wie wir im Kommentar sehen werden, befindet er sich fast während der gesamten Belehrung in tiefer Meditation und lässt zwei seiner Hauptschüler ein Gespräch führen, als wären sie Marionetten.

Wir haben das große Glück, dass einer der größten tibetischen Schriftsteller, Drakpa Shedrup, beschloss, einen eigenen Kommentar zu diesem Sutra zu verfassen. Choney Lama, wie er im Volksmund genannt wird, wurde 1675 in der Region Choney im Nordosten Tibets geboren. Als junger Mann von 21 Jahren reiste er in die Hauptstadt Lhasa, um im Kloster Sera zu studieren. Er absolvierte seinen Geshe-Abschluss im Jahr 1705 und studierte auch am berühmten Gyumey Tantric College.

Choney Lama wurde vom örtlichen Gouverneur seiner Heimatprovinz ermutigt, ein neues Kloster zu bauen und dort mit dem Lehren zu beginnen. Das neue Choney-Kloster wurde 1714 fertiggestellt und später um eine separate Hochschule für das Studium der Geheimlehren erweitert. Als Choney Lama 1730 den vorliegenden Kommentar zum *Herz-Sutra* schrieb, hatte er bereits mehr als ein Jahrzehnt lang Schüler beider Hochschulen unterrichtet.

Beim Lesen des Kommentars merkt man, dass das Unterrichten vieler Schüler, in einem damals relativ abgelegenen Gebiet Tibets, seine Fähigkeiten als Kommentator geschärft hatte. Unter Hunderten bedeutenden Schriftstellern, die Tibet je hervorbrachte, gehört er sicherlich zu den größten und verständlichsten.

Wir empfehlen dem interessierten Leser, seine ausführliche Biografie zu lesen, die sich in der Einführung von Choney Lamas herausragendem Kommentar zum *Diamantschneider-Sutra* befindet (auch ein Band der Diamantschneider-Klassiker-Reihe, der von unserem „Mixed Nuts“-Team übersetzt wurde und ebenfalls bei der Edition Blumenau auf Deutsch erhältlich ist).

Eine der schönsten Geschichten in der Autobiografie von Choney Lama, die er am Ende seines Lebens schrieb (er verstarb 1748), handelt von wiederkehrenden Träumen, die er schon als Kind hatte.

Er beobachtet darin den weiten, offenen Himmel, und sieht den großen Nagarjuna – den Großvater aller Erklärer der Leerheit – in einem Körper aus reinem Gold durch das Blau fliegen. Der Verwirklichte ist auf dem Weg in den Westen, aber er schwebt herab und sinkt in Choney Lama ein, um ihm seinen vollen, herrlichen Segen zu gewähren.

Wenn Sie lesen, wie dieser vollendete Meister die Feinheiten der Leerheit und des *Herz-Sutras* erklärt, wird es Ihnen – ebenso wie uns, die wir bei der Übersetzung dieses Buches geholfen haben – nicht schwerfallen zu glauben, dass Choney Lamas Lehre dazu bestimmt war, in den Westen zu kommen und in die modernen Weltsprachen übersetzt und von all jenen genutzt zu werden, die ein tieferes spirituelles Verständnis des Lebens suchen.

Abschließend möchte ich einer Reihe von Menschen, die mir bei den Recherchen für dieses Buch wertvolle Hilfe leisteten, meinen Dank aussprechen: Elizabeth van der Pas, eine buddhistische Nonne mit dem Ordinationsnamen Jigme Palmo, geht seit mehr als 25 Jahren als meine persönliche Assistentin mit mir durch dick und dünn und hat mich mit großer Kompetenz und Hingabe unterstützt. Sie arbeitete engagiert an frühen Versionen der Übersetzung mit und unterzog diese in ihren Kursen über das Sutra im *Diamond Mountain Retreat Center* einem sehr hilfreichen Testlauf.

Wir bekamen bei den schwierigen alten Ausgaben der Schriften von Choney Lama und bei den originalen Sanskrit-Versionen großartige textliche Unterstützung von Nick Lashaw, Ben Kramer, Christina Kasica, Christine Sperber, Aisha Maria Nguyen und John Campbell. Ohne John Brady, den Direktor des *Asian Classics Input Project* (heute *Asian Library Legacy),* der diese Funktion während der längsten Zeit des 33-jährigen Bestehens dieser Einrichtung mit großer Hingabe innehatte, wäre dies alles überhaupt nicht möglich gewesen.

Stanley Chen und Alison Zhou von der *Pure Gold Translation Corporation* in Shenzhen, China, lieferten bei der Recherche und Zusammenstellung einer wichtigen chinesischen Version des Sutras wertvolle Unterstützung.

Bets Greer leistete unermüdliche und kompetente Hilfe beim Redigieren und Layouten des Werks, und auch andere Übersetzer des „Mixed Nuts"-Übersetzungsteams hatten wertvolle Vorschläge für Korrekturen. Gina Rivera übernahm Gestaltung und Layout mit gewohnter Heiterkeit und Kompetenz, und Katey Fetchenhier, Co-Direktorin unseres Verlags *Diamond Cutter Press,* überwachte gekonnt alle Details der Veröffentlichung und des Marketings.

Danke an jeden von euch und an die vielen anderen, die bei dieser unschätzbaren Anstrengung helfen, die alten Weisheiten Asiens neuen Generationen von Menschen auf der ganzen Welt zugänglich zu machen.

Geshe Michael Roach
Rainbow House
Im Mai 2020

SONNENLICHT AUF DAS DASEIN

DIE BEDEUTUNG DES HERZ-SUTRAS

SONNENLICHT AUF DAS DASEIN
DIE BEDEUTUNG DES HERZ-SUTRAS

[1]
Es erfolgt eine Erklärung des Herzens der Weisheit, die auch *Die Sonne, die das Sosein des Tiefgründigen erhellt,* genannt wird.[1]

Ehrung des Lehrers

[2]
Namo Guru Manjughoshaya.
Ich verbeuge mich vor meinem Lehrer, Sanfte Stimme.[2]

---

[1] *Sosein des Tiefgründigen:* Sosein ist ein Codewort für die Leerheit aller Dinge, und das ist das zentrale Thema des *Herz-Sutras.* Das „Herz der Weisheit" ist das, was wir gemeinhin das *„Herz-Sutra"* nennen. Für die Übersetzung verwenden wir die Ausgabe, die in der Bibliografie in den Anhängen aufgeführt ist (siehe Bibliografie Eintrag B4, ACIP Digitaltext S00220). *Anmerkung der deutschen Übersetzer:* Das hier im Englischen verwendete Wort „suchness" haben wir im Deutschen als „Sosein" übersetzt. Auf Deutsch ist das nicht wirklich verständlich, deshalb haben wir es im Titel „Dasein" genannt.

[2] *Sanfte Stimme:* Im Sanskrit als Manjushri und im Tibetischen als Jampel Yang bekannt: die engelhafte Verkörperung der Weisheit aller erleuchteten Wesen.

Lobpreisung und Versprechen

[3]
Er hat tiefgründige Abhängigkeit gesehen, genau wie sie ist.
Voll Liebe lehrt er dies alle Wesen.
Er ist unvergleichlich in seinem Wissen und in seinen Lehren.
Ich verneige mich vor der Sonne der Lehrer, dem Herrn der Fähigen.[3]

[4]
Das Mitgefühl aller Siegreichen, vereint in einer Person.
Er spielt den Tanz des jungen Bodhisattvas
In allen drei Welten;
Und strebt danach, jede Tat der Siegreichen zu vollbringen.
Ich verbeuge mich vor Liebende Augen, Prinz der Bodhisattvas.[4]

[5]
Ich verbeuge mich vor Shariputra,
Weisheit grenzenlos und einzigartig.
Vor Nagarjuna und Chandrakirti,
Die diese tiefste Idee erklärten.

---

[3] *Herr der Fähigen:* Gemeint ist Lord Buddha.

[4] *Liebende Augen:* Im Sanskrit als Avalokiteshvara und im Tibetischen als Chenresik bekannt: die engelhafte Verkörperung der Liebe aller erleuchteten Wesen. Er ist ein Bodhisattva, der auch ein Buddha ist, aber er spielt manchmal die Rolle von jemandem, der noch nicht erleuchtet ist. Die „drei Welten" sind die drei Reiche im Universum, die in der buddhistischen Kosmologie geläufig sind: das Reich des Verlangens, das Form-Reich und das Formlose Reich. „Siegreicher" ist eine gängige Bezeichnung für einen Buddha.

[5] *Das Herz der Perfektion:* Der indische Meister Nagarjuna lebte um 200 n. Chr. Sein Verständnis des schwierigen Konzepts der Leerheit – das Hauptthema des *Herz-Sutras* – war so umfassend, dass er manchmal der „Zweite Buddha" genannt wird. Eigentlich gilt sein Schüler Meister Aryadeva als sein spiritueller „Sohn", aber hier ehrt Choney Lama Meister Chandrakirti (ca. 625 n. Chr.), einen der bedeutendsten Kommentatoren von Nagarjunas Werk.

[6] *Lehren in Form von Erkenntnissen:* Die Lehren von Lord Buddha werden traditionell unterteilt in Unterweisungen in physischer Form – z. B. Bücher oder Vorträge – und in Form von Erkenntnissen in den Herzen der Praktizierenden. Siehe z. B. die letzten Abschnitte des *Schatzhauses des höheren Wissens (Abhidharma Kosha)* von Meister Vasubandhu (ca. 350 n. Chr.) (ACIP Digitaltext S17, TD04089).

[7] *Leerheit ist das Herzstück:* Siehe f. 13b von Je Tsongkapas klassischem Dank an den Buddha, dass er Abhängigkeit im Kontext von Leerheit lehrte (ACIP Digitaltext B12, S05275-15).

Vor dem Vater, dem Siegreichen, der auf die Erde zurückkam,
Und vor seinem spirituellen Sohn.

Und nun werde ich für Euch
Das Herz der perfekten Weisheit erklären.[5]

Warum wir Leerheit brauchen

[6]
Wir werden in drei Schritten vorgehen: eine Erklärung, warum wir uns ganz allgemein mit dieser tiefsten aller Ideen auseinandersetzen müssen, eine Erläuterung des Hauptteils des vorliegenden Kommentars und schließlich eine kurze Beschreibung, wie man diese tiefste Idee – Leerheit – logisch nachweist.

[7]
Hier ist der erste Schritt. Die Lehren der siegreichen Buddhas sind das Fundament für all diejenigen, die nach Freiheit streben. Und von all diesen Lehren ist die korrekte Sicht der Leerheit am wichtigsten. Diese Sichtweise ist das Wesentliche – das Herzstück – aller Lehren in Form von Erkenntnissen.[6]

[8]
Die Schriften, die uns diese Sichtweise lehren, sind die Grundlage, das Herzstück aller Lehren, die in Form von Worten existieren. Jener, der das Sosein tiefgründiger Abhängigkeit lehrt, ist der großartigste aller Lehrer. Und von all den Erkenntnissen, die wir aus seinen Lehren ziehen können, ist jene, bei der wir das Sosein dieser tiefgründigen Abhängigkeit verstehen, die großartigste.

[9]
Diese Tatsache spiegelt sich in der Lobpreisung der Abhängigkeit wider, in dem Je Tsongkapa selbst sagt: „Leerheit ist das Herzstück der Lehren.“[7]

[10]
In der gleichen Abhandlung stellt er fest:

Von allen Lehrern der Welt,
Ist der König der Könige
Der Lehrer, der uns lehrte,
Dass Dinge in Abhängigkeit geschehen.

Von allen Weisheiten auf der Welt,
Ist der König der Könige
Das Wissen,
Dass Dinge in Abhängigkeit geschehen.

Und es gibt niemanden außer Dir,
Der versteht,
Wie perfekt sie sind.[8]

[11]
Die Sicht auf die Welt, die Leerheit erkennt, stellt einen Aspekt unserer Praxis dar, der für das Erreichen der Freiheit völlig unerlässlich ist. Wie der *König der Konzentration* es ausdrückt:

[12]

Wenn du die Tatsache analysierst,
Dass nichts eine eigene Natur hat,
Und du dann über die Ergebnisse
Deiner Analyse meditierst,
Dann ist das die Ursache
Für Nirwana.
Es gibt keine andere Ursache,
Die dir diesen Frieden bringen kann.[9]

[13]
Auch Nagarjuna erklärte:

Befreiung ist ein Ding der Unmöglichkeit
Für jeden, der Leerheit nicht versteht.

Diejenigen, die blind sind, kreisen weiter
Hier im Gefängnis der sechs verschiedenen Geburten.[10]

[14]

Warum dieser Punkt so entscheidend ist, lässt sich folgendermaßen erklären:

Wenn du an dem Glauben festhältst, dass „ich“ und „mein“ eine eigene Natur haben, dann wirst du weiter durch den Zyklus des Schmerzes kreisen. Wenn du schlussendlich erkennst, dass beide keine solche Eigen-Natur besitzen, wird das die Ursache für deine Befreiung aus diesem Kreislauf sein.

[15]

Die *Kurze Darstellung über die Perfektion der Weisheit* drückt es so aus:

Kinder glauben
An ein „ich“ oder „mein“.
Und diejenigen,
Die an dieser falschen Vorstellung anhaften,
In dem sie an ein Selbst glauben,
werden immerzu weiter geboren und sterben.

Ich lehre, dass jene, die
An Überzeugungen wie dieser festhalten,
Weiterhin Negativitäten haben werden.
Und ich sage, dass diejenigen,
Die kein „ich“ oder „mein“ mehr sehen,
Für immer von dieser Negativität
Befreit werden.[11]

---

[8] *Wie perfekt sie sind:* Siehe ff. 14b-15a (B12, S05275-15).

[9] *Keine andere Ursache:* Siehe f. 44b des Sutras (S33, KL00127).

[10] *Das Gefängnis der sechs verschiedenen Geburten:* Siehe f. 41a seines *Kommentars über den Wunsch nach Erleuchtung* (S8, TD01800). Die „sechs Geburten“ sind hier die sechs Reiche: Höllenwesen, Hungergeister, Tiere, Menschen, Beinahe-Vergnügungswesen und vollständige Vergnügungswesen.

[11] *Für immer befreit:* Siehe ff. 206a-206b des Sutras (S21, KL00013).

[16]
So mündet jede Lehre der siegreichen Buddhas schließlich – direkt oder indirekt – in eine Unterweisung über das Sosein tiefgründiger Abhängigkeit. Wie der *Leitfaden für die Lebensweise eines Bodhisattvas* es ausdrückt:

[17]

Jedes dieser Themen
Wurde von den Fähigen angesprochen,
Um uns Weisheit zu bringen.[12]

[18]
Und der Lord selbst sagte:

Alles, was du jemals gelehrt hast,
nimmt seinen Anfang
Bei dieser entscheidenden Abhängigkeit.[13]

[19]
In vielen Werken – sowohl der offenen als auch der geheimen Lehren – werden die Vorteile beschrieben, ein Verlangen nach dieser tiefen Leerheit zu entwickeln, sie zu studieren, zu lehren und zu verstehen. Ganz besonders die *300 Zeilen über die Perfektion der Weisheit* – die wir gemeinhin als das *Diamantschneider-Sutra* kennen – enthalten den folgenden Abschnitt:

---

[12] *Um uns Weisheit zu bringen:* Siehe f. 30b des Klassikers von Meister Shantideva (S35, TD03871).

[13] *Dieser entscheidenden Abhängigkeit:* Ebenfalls aus seiner *Lobpreisung der Abhängigkeit;* siehe f. 15a (B12, S05275-15).

[14] *Jenseits jeder Berechnung:* Siehe ff. 222a-222b des Sutras (S28, KL00016). Für eine ausführliche Erklärung siehe z. B. Abschnitt K60 in *Sonnenlicht auf dem Weg zur Freiheit,* der deutschen Übersetzung von Choney Lamas Kommentar zum *Diamantschneider,* die ebenfalls bei der Edition Blumenau veröffentlicht wurde.

[15] *Viel mehr gutes Karma:* Choney Lama führt hier ein Zitat eines Sutras an, das in Arya Nagarjunas *Kompendium der Sutras* zu finden ist; siehe f. 205a (S12, TD03934). Es gibt, soweit wir wissen, kein Sutra mit diesem Namen im aktuellen Kangyur, obwohl es ein Sutra gibt, in dem ein Jüngling namens Ratnadata vorkommt. Es heißt passenderweise *Eine Beschreibung der Lebensweise eines Bodhisattvas* (S22, KL00184). Fast der gleiche Wortlaut findet sich auch in einem anderen Sutra: *Verkündung des Nektars der Unsterblichkeit.* Dort ist die Person, die Lord Buddha anspricht, aber Maitreya (siehe f. 431b, S19, KL00197).

[20]

Ja, Subhuti, nehmen wir an, jemand täte das: Nehmen wir an, eine Person bedeckte all diese Planeten mit den sieben Arten kostbarer Substanzen und schenkte sie dem Wirklich Gegangenen, dem Feindzerstörer, dem vollkommen Erleuchteten, dem Buddha.

Und nehmen wir weiter an, dass eine andere Person nur einen einzigen vierzeiligen Vers dieser besonderen Darstellung des Dharmas behielte, ihr Wissen teilte und richtig lehrte. Diese zweite Person würde durch ihre Handlung viel mehr Verdienst anhäufen, ihr Verdienst wäre unendlich groß und jenseits jeder Berechnung.[14]

[21]

Auch im *Sutra des Jünglings namens Ratnadana* heißt es:

O Sanfte Stimme, angenommen ein Bodhisattva, der den Kunstgriff nicht beherrscht, verbrächte hundert oder sogar tausend Äonen damit, die sechs Perfektionen zu praktizieren. Nehmen wir weiter an, eine Person hörte sich diese Lehre des Dharmas an, ohne sich ganz sicher zu sein, ob sie richtig ist oder nicht.

[22]

Die Person würde viel mehr gutes Karma ansammeln. Was geschähe wohl, wenn sie ohne jeden Zweifel zuhörte? Und was wäre dann wohl mit einer Person, die diese Lehre aufschriebe oder mündlich weitergäbe oder sie behielte oder anderen detailliert erklärte?[15]

[23]

Das bedeutet, dass jede einzelne der aufgelisteten Handlungen – vom Anhören dieser besonderen Darstellung bis hin zur Weitergabe an andere – von größerem Nutzen ist als die vorher genannte.

[24]

Selbst wenn wir Leerheit noch nicht verstanden haben, aber trotz Zweifeln dazu tendieren, sie zu akzeptieren, haben wir bereits einen großen Riss in das

Gewebe dieses leidvollen Daseins gerissen. Das allein ist in der Lage, einen Samen der Befreiung in uns zu pflanzen. Wie Meister Aryadeva es ausdrückt:

[25]

> Diejenigen, die wenig gutes Karma haben,
> Werden sich nicht einmal unsicher sein
> Über den Wahrheitsgehalt dieser Lehre.
>
> Nur ein wenig Zweifel
> An seiner Wahrheit
> Reicht aus, um das Gewebe dieses
> Lebens des Leidens zu zerreißen.[16]

[26]

Der gleiche Punkt wird durch die Zitate aus dem Sutra belegt, die wir zuvor genannt haben.

[27]

Die oben genannten Ausschnitte aus dem *Diamantschneider-Sutra,* in denen verschiedene Vorteile beschrieben werden, helfen uns zu verstehen, was der Buddha sagen will: dass diese Vorteile aus der im Werk beschriebenen tatsächlichen Perfektion der Weisheit und nicht nur aus dem Lesen des Buches resultieren.

[28]

Manche Menschen rezitieren das *Herz-Sutra* nur mit dem Ziel, negative Energien in unserer Welt auf- und fernzuhalten. Es ist jedoch ein Fehler, dies zum Hauptzweck der Praxis zu machen. Tatsache ist, dass jedes Sutra, das der Eroberer[17] jemals lehrte, in erster Linie dazu dient, den Menschen zu helfen, die Sichtweise in ihren Herzen zu entwickeln, mit der wir erkennen, dass nichts eine eigene Natur hat. Denn das ist die wichtigste Methode, um Befreiung und Allwissenheit zu erlangen. Diese Lehren sind nicht dazu da, dass Menschen sie nur nutzen, um die alltäglichen Ursachen von Leid zu beheben.

[29]
In der heutigen Zeit hat sich jedoch der Brauch, das Sutra zu lesen, um negative Einflüsse aufzuhalten, weit verbreitet. Dies ist jedoch nur eine gewöhnliche Verwendung für das Werk. Sie basiert auf Aussagen in den Schriften, dass der Herrscher der weltlichen Götter in früheren Zeiten das Sutra laut rezitierte, während er gleichzeitig darüber nachdachte, was es bedeutet – mit der Intention, negative Geister fernzuhalten.

[30]
Der Hauptnutzen des Sutras besteht aber darin, uns zu helfen, die Weisheit zu entwickeln, mit der wir erkennen, dass nichts eine eigene Natur hat – sodass wir Befreiung und Allwissenheit (der Zustand, in dem wir alle Dinge erkennen) erlangen können. Dann sind wir vom Kreislauf des Leidens und von einer Wiedergeburt in den niederen Reichen befreit und bereinigen unsere karmischen Hindernisse.

[31]
Dies sind die Ziele, die wir im Auge behalten müssen, wenn wir das Sutra rezitieren. Es scheint mir, dass wir – je nach spezifischen Umständen – die Rezitation auch zu dem Zweck durchführen könnten, negative Einflüsse in unserem Leben oder im Leben anderer fernzuhalten, um damit gewöhnliche oder einfache Ziele zu erreichen, sofern sie in das Hauptziel einzahlen.

[32]
Wie auch immer: Wir können mit Sicherheit sagen, dass der große oder kleine Nutzen, den das Sutra uns bringt, von der Motivation abhängt, die wir in unserem Herzen haben. Daher ist es sehr wichtig, dass unsere Absichten in Bezug auf das Sutra immer so rein wie möglich sind.

[33]
Zusammenfassend lässt sich sagen, dass es sehr viele Vorteile gibt, die aus dem Studium und der Kontemplation der Bedeutung der Schriften über

---

[16] *Reicht aus, um das Gewebe zu zerreißen:* Siehe f. 9a seiner 400 Verse (S1, TD03846).

[17] *Eroberer:* Bezieht sich auf Lord Buddha.

die Perfektion der Weisheit abgeleitet werden können (von Lehren wie dem *Diamantschneider* und anderen). Angesichts dieser sagenhaften Vorteile sollten wir große Anstrengungen unternehmen, die Bedeutung dieser tiefgründigen Perfektion zu erlernen.

Die Erklärung

[34]
Dies bringt uns zu unserem zweiten Schritt: der Erklärung im Hauptteil des vorliegenden Kommentars. Wir gehen hier in drei Abschnitten vor: die Bedeutung des Namens des Sutras, die Bedeutung seines Inhalts und die Bedeutung seines Fazits.

Was der Name des Sutras bedeutet

[35]
Den ersten Abschnitt behandeln wir in zwei Teilen: der Name des Sutras und die Ehrerbietung des Übersetzers.

[36]

> **[C1]**
> **In der Sprache Indiens heißt dieses Sutra:**
> ***Arya Bhagavati Prajna Paramita Hirdaya.***
>
> **Auf Tibetisch heißt es:**
> ***Pakpa Chomden-dema Sherab kyi Parul tu Chinpay Nyingpo.***
>
> **Auf English nennt man es:**
> ***The Exalted One, the Lady of Conquest, the Heart of the Perfection of Wisdom.***

Und auf Deutsch trägt es den Namen:
Die Erhabene, die Herrin der Eroberung, das Herz der Perfektion der Weisheit.

[37]
Hier ist der erste Teil: Es gab vier *Sprachgruppen im alten Indien*[18] – eine davon war Sanskrit. In dieser Sprache ist der Name des Sutras der Teil, der *Bhagavati* beinhaltet.

[38]
Dieser Teil wird ins Tibetische mit den Worten *Chomden-dema,* ins Englische mit *The Lady of Conquest* und ins Deutsche mit *Die Herrin der Eroberung* übersetzt.

[39]
Bhagavati bedeutet *Herrin der Eroberung, prajna* bedeutet *Weisheit* und *paramita* bedeutet *Perfektion. Hirdaya* bedeutet *Herz.*[19]

---

[18] *Vier Sprachgruppen im alten Indien:* Je Tsongkapa beschreibt diese vier in einem Kommentar zur geheimen Lehre, genannt *Geheime Sammlung,* wie folgt (B10, S05282, f. 1b): „In Indien gab es vier große Sprachgruppen: *Prakirta,* die ‚natürliche' bzw. einheimische Sprache eines jeden Ortes, *Apabhransha* oder korrumpierter Dialekt, *Pishacha* oder die Sprache der Geister (genannt ‚Fleischfresser' oder *pishacha*) und Sanskrit, die ‚wohlgeformte' Sprache, die Sprache der Götter." Beachten Sie, dass das Wort *sanskirta* typischerweise wörtlich ins Tibetische übersetzt wird: *sam* für „gut" und *kirta* (die korrekte Aussprache des vokalischen r) für „geformt". Der Name der dritten aufgelisteten Sprache, *apabhransha,* bedeutet wörtlich „Sprachen, die abgewandert sind". Bitte beachten Sie auch, dass wir in dieser Übersetzung den pränasalen Laut in seiner korrekten, von der Qualität des folgenden Konsonanten abhängigen Aussprache wiedergeben und nicht die Aussprache mit der Transkription (z. B. *m* mit einem Punkt darunter) verwechseln, wie es leider bei vielen modernen Darstellungen des Sanskrit der Fall ist.

[19] *Hirdaya bedeutet Herz: Anmerkung der deutschen Übersetzer:* Die Übersetzung ins Deutsche beruht auf der Übersetzung aus dem Tibetischen ins Englische. An dieser Stelle schreibt der englische Übersetzer: Bitte beachten Sie, dass wir, sofern nicht anders erforderlich, für Fremdwörter im Text und in den Fußnoten die nächstliegende englische Aussprache verwenden, in den Literaturverzeichnissen die Transkription. Bitte beachten Sie auch, dass wir zwischen den beiden unterscheiden! Das bedeutet z. B., dass das vokalische ṛ mit *ir* transkribiert wird und nicht mit *ri,* wie es manchmal vorkommt, wenn Transkription und Aussprache verwechselt oder vermischt werden.

[40]
Nun kannst du dich fragen:

> Warum wird hier im Titel das Wort „Perfektion" verwendet – oder im Sanskrit wörtlich „zur anderen Seite gegangen"?

[41]
Wenn wir hier von der *„Perfektion der Weisheit"* sprechen, bedeutet das „auf die andere Seite vom Ozean des Kreislaufs des Leidens gegangen sein". Nun kann man das Sanskrit an dieser Stelle entweder in einem sich entwickelnden Sinn oder im Sinn einer Handlung verstehen. Wenn man es im ersteren Sinn betrachtet, drückt es eher „etwas, das uns zur Perfektion führt" aus als „Perfektion". Dies ist eine Anspielung auf die Pfade, auf denen wir uns spirituell schulen – was eine Anspielung auf die tatsächliche Perfektion der Weisheit ist.

[42]
Im letzteren Sinn können wir es interpretieren als „zur Perfektion gelangt". In diesem Fall müssten wir sagen, dass es sich auf etwas bezieht, das in einer Person zu finden ist, die Erleuchtung bereits erlangt hat.

[43]
Die „tatsächliche" Perfektion der Weisheit, die Gegenstand des Sutras ist, bezieht sich auf die Weisheit, mit der wir Leerheit erkennen. Es gibt aber auch eine Unterteilung in vier Typen von dem, was wir „Die Mutter" (ein anderer Name für die Perfektion der Weisheit) nennen. Diese sind die natürliche Perfektion der Weisheit, die Schriften-Perfektion der Weisheit, die Pfad-Perfektion der Weisheit und die Ergebnis-Perfektion der Weisheit.

[44]
Der erste dieser vier Typen ist nur ein anderes Wort für Leerheit selbst. Ein Beispiel für den zweiten wären die Sutras des Großen Weges, die das Thema Leerheit behandeln. Ein Beispiel für den dritten wäre das Wissen eines verwirklichten Wesens, das auch ein Bodhisattva ist,[20] und der vierte wäre die Allwissenheit eines Erleuchteten.

Der Übersetzer verneigt sich

[45]

[C3]

Ich verneige mich vor der Herrin der Eroberung, der Perfektion der Weisheit.[21]

[46]

Hier kommt nun der zweite Teil: die Verbeugung des Übersetzers. Diese wurde von dem meisterhaften Übersetzer, der es aus dem Sanskrit ins Tibetische übersetzte, in das Sutra eingefügt; und sie lautet: *„Ich verneige mich vor der Herrin der Eroberung, der Perfektion der Weisheit.“*[22]

---

[20] *Verwirklichtes Wesen, das auch ein Bodhisattva ist:* Ein „verwirklichtes Wesen“ (*Arya* in Sanskrit) ist jemand, der Leerheit direkt gesehen hat. Ein „Bodhisattva“ ist jemand, der danach strebt, erleuchtet zu werden, damit er unzähligen anderen Wesen dienen kann. Weder sind alle Bodhisattvas verwirklichte Wesen, noch sind alle verwirklichten Wesen Bodhisattvas.

[21] *Vor der Herrin der Eroberung:* In der uns vorliegenden Kangyur-Ausgabe des *Herz-Sutras* steht an dieser Stelle: „Ich verneige mich vor jedem Buddha und jedem Bodhisattva“ (f. 259a, S23, KL00021). Es gibt jedoch eine weitere Version des *Herz-Sutras*, die sich in dem Abschnitt des Kangyur befindet, der den Geheimlehren gewidmet ist. In dieser ist die Ehrerbietung des Übersetzers so enthalten, wie Choney Lama sie präsentiert (siehe f. 45a, S24, KL00531). In der uns vorliegenden Sanskrit-Ausgabe lautet sie: „Ich verneige mich vor dem Wissen aller Dinge.“ Der Grund dafür, dass die Nummerierung der Quelltextabschnitte hier von C1 auf C3 springt, ist, dass Choney Lama in der Kangyur-Version des Sutras eine Zeile bei C2 nicht behandelt, die besagt, dass das Werk „auf einer einzigen Garbe“ gefertigt wurde *(bampo* auf Tibetisch). Dies ist eine Standardmenge an schriftlichem Material. Die Gepflogenheit, die Anzahl der Garben anzugeben, diente dem Zweck, Auslassungen oder Hinzufügungen in der Originalversion zu verhindern. Siehe Abschnitt C2 in der vollständigen Version des Sutras am Ende dieses Buches.

[22] *Meisterhafte Übersetzer:* Im Wissen um die jahrhundertelange Arbeit, die in die Übersetzung der Schriften aus dem Sanskrit ins Tibetische geflossen ist, wollen wir diese Übersetzer hier würdigen. Sie werden in den Kolophonen sowohl der offenen als auch der geheimen Kangyur-Ausgabe aufgeführt als „der indische Abt Vimala Mitra, zusammen mit einem großartigen tibetischen Übersetzer, dem ehrwürdigen Rinchen De (auch bekannt als Dro Lotsawa, achtes Jahrhundert). Die Übersetzung wurde später unter anderem von den Übersetzern und Herausgebern Gelo (wahrscheinlich Geway Lodru) und Namka überprüft und vereinheitlicht.“

[47]
Was den Ausdruck *„Herrin der Eroberung"* betrifft, so ist er einfach das Ergebnis einer Endung, die auf eine Person hinweist[23] – auch wenn wir dies nicht als tatsächlich auf eine Person bezogen verstehen sollten.

Der Inhalt des Sutras

[48]
Dies bringt uns zum zweiten großen Abschnitt, bei dem es über die Bedeutung des Inhalts des Sutras geht.

Wie sich die Situation darstellt

[49]
Wir gehen hier in zwei Schritten vor: Wir beschreiben, wie die Situation sich darstellt, und erläutern dann den Inhalt des Sutras.

Die Situation im Allgemeinen

[50]
Der erste dieser Schritte besteht wiederum aus zwei Teilen: die Situation im Allgemeinen und die Einzigartigkeit der Situation. Der erste Teil davon umfasst vier verschiedene Arten von Exzellenz: den Anlass, den Lehrer, den Ort und das Gefolge.

---

[23] *Die auf eine Person hinweist:* Choney Lama bezieht sich hier auf die Endsilbe *ma* im tibetischen Wort für „Herrin der Eroberung". Dies ist eine weibliche Endung und bezieht sich normalerweise auf eine Frau. Der entsprechende Sanskrit-Vokal ist hier das lange i, das am Ende von *Bhagavati* („Herrin der Eroberung" in Sanskrit) zu finden ist. Aus diesem Grund haben wir das tibetische Wort *dgag-sgra* (was „negativer Partikel" bedeutet) hier als *bdag-sgra* (ein Partikel, der ein Individuum bezeichnet) aufgefasst. Es ist gut möglich, dass *dgag-sgra* korrekt ist und dass Choney Lama lediglich die Silbe *ma* angibt, indem er sich auf eine andere ihrer Bedeutungen bezieht, nämlich als negativer Partikel. Siehe auch die Erklärung desselben Begriffs durch den Lama in Abschnitt 287.

Vier Arten von Exzellenz

[51]

[C4]
Einst hörte ich diese Worte.

[52]
Die Exzellenz des Anlasses wird mit den Worten *„Einst hörte ich diese Worte"* ausgedrückt. Wenn es hier heißt *„diese Worte"*, bezieht sich das auf die Worte des Sutras, das wir gleich erklären werden. Das Wort *„hörte"* drückt aus, dass die Person, die das Sutra dokumentiert, sagt: „Ich habe dies vom Eroberer selbst gehört, und nicht von jemand anderem."

[53]
Wenn hier *„einst"* steht, dann soll damit gesagt werden, dass diese Person bei anderen Gelegenheiten auch andere Lehren hörte, aber dass sie bei einer bestimmten Gelegenheit diese besondere Lehre hörte. Damit soll zum Ausdruck gebracht werden, dass es offensichtlich etwas sehr Besonderes ist, diese Lehre auch nur ein einziges Mal zu hören (weil die Person diese Lehre nicht wiederholte Male hörte).

[54]
Man könnte auch sagen, dass *„einst"* nur erwähnt wird, um anzudeuten, dass diese Person sehr intelligent ist, da sie in der Lage war, sich diese Lehre nach nur einmaligem Hören vollständig zu merken.

[55]

[C5]
Der Eroberer hielt sich auf der Geierspitze, im Herrschaftsgebiet des Königs auf. Mit ihm war eine große Schar von Mönchen und eine große Gruppe von Kriegerheiligen.

[56]
Die Exzellenz des Lehrers wird durch das Wort *„Eroberer"* ausgedrückt. Das Sanskrit-Original, *Bhagavan,* kann sich sowohl auf „Eroberer" als auch auf

„einen, der viel Güte besitzt" beziehen. Das erste kann man so erklären, wie wir es im folgenden Vers sehen:

[57]

> Wir nennen eine Person „Eroberer",
> Wenn sie ihre negativen Emotionen,
> Ihr Karma und ihre Wiedergeburt
> Besiegt hat.
>
> Ebenso wie die Hindernisse
> Ihrer Negativitäten,
> Und des Wissens um alle Dinge.
>
> Wenn sie all die Dinge besiegt hat,
> Die das Erreichen von
> Spirituellen Zielen verhindern können.[24]

[58]

Die zweite Bedeutung des Wortes *„Eroberer"* erfahren wir in diesem Vers aus dem *Kuss:*

> Wenn wir „viel Güte" sagen, dann
> Kann es sich auf sechs verschiedene Dinge beziehen:
> Auf Herrn der Macht, erlesene Form,
> Herrlichkeit, Ruhm, Weisheit
> Und hervorragenden Einsatz.[25]

[59]

Im Sanskrit kann das Wort *„Eroberer"* als „derjenige, der den Sieg innehat" verstanden werden. Es wäre aber sicherlich auch angemessen, das erste der soeben angeführten Zitate auf den Sieg und das zweite auf das Innehaben zu beziehen.

[60]

Die tibetische Übersetzung für *Bhagavan* enthält auch das Wort für „darüber hinausgehen". Im Sanskrit gibt es zwar kein Element, das direkt in dieses

Wort übersetzt wird, aber es wurde absichtlich hinzugefügt, weil es eindeutig impliziert ist. Es soll darauf hinweisen, dass der Buddha die beiden Extreme in der Welt und einen niedrigeren Frieden überwand,[26] und es soll auch die Tatsache ausdrücken, dass er weit über jede weltliche Gottheit hinausging.

[61]
Die Exzellenz des Ortes wird durch die Worte *„auf der Geierspitze, im Herrschaftsgebiet des Königs"* ausgedrückt. Dieser Ort wurde so genannt,[27] weil dort der König dieses Landes residierte. Im östlichen Teil dieses Gebietes befand sich ein Berg, der „Geierspitze" genannt wurde, weil er der Form eines Geiers ähnelte.

[62]
Das bedeutet, erstens glich der Berg einem großen Haufen aus Geiern. Zweitens war er mit Edelsteinblöcken bedeckt, die alle wie der Kopf eines Geiers geformt waren. Daher der Name „Geierspitze" – und der Buddha *hielt sich dort auf.* Einige Weise sagten voraus, dass der Gipfel noch in den Tagen des Endes dieser Welt bestehen wird.

[63]
Die Exzellenz des Gefolges wird durch die folgenden Worte ausgedrückt: *„Mit ihm war eine große Schar von Mönchen und eine große Gruppe von*

---

[24] *Wir nennen eine Person „Eroberer":* Der Vers kommt in zwei Werken im Tengyur vor: Einmal in einem der berühmten Kommentare von Meister Haribhadra zu Maitreyas und Asangas *Juwel der Erkenntnisse* und ein zweites Mal in einem Kommentar zum berühmten *König der Konzentration.* Siehe jeweils f. 6b von S38, TD03791 und f. 2b von S14, TD04010.

[25] *Hervorragende Leistung:* Die ursprüngliche Prosaversion der Liste findet sich auf f. 368 des ursprünglichen Tantras (S32, KL00381). Die hier gefundene Versform ist zur Zeit des Tengyur durchaus üblich, siehe z. B. f. 52b des Kommentars in S2, TD01190.

[26] *Die beiden Extreme in der Welt und einen niedrigeren Frieden:* Zwei Sackgassen, die wir vermeiden wollen: Die erste ist, weiter in einer Welt des Schmerzes zu leben, ohne zu versuchen, ihr zu entfliehen. Die zweite ist, Nirwana zu erreichen – definiert als das dauerhafte Ende all unserer negativen Emotionen –, aber ohne den Wunsch, allen Lebewesen zu ihrer vollständigen Erleuchtung zu verhelfen. Siehe eine schöne Erklärung dieser beiden von Jamyang Shepa (1648–1721) auf den Seiten 231a-231b seiner Analyse von Lord Maitreyas *Juwel der Erkenntnisse* (B8, S19088).

[27] *Herrschaftsgebiet des Königs:* In Sanskrit Rajagirha.

Kriegerheiligen." Der Teil über die *„große Schar von Mönchen"* ist ein Hinweis auf den Teil seines Gefolges, die Zuhörer waren,[28] wohingegen wir den Teil *„eine große Gruppe von Kriegerheiligen"* als genau das verstehen können.

[64]
Das Wort *„Mönch"* bezieht sich hier auf jemanden, der die volle Ordination erhalten hat. Das tibetische Wort für „volle Ordination" bedeutet wortwörtlich „Annährung beendet haben". Es wird hier also gesagt, dass einen die volle Ordination Nirwana *näherbringt.*

[65]
Das Wort *„Kriegerheiliger"* – oder „Bodhisattva" im ursprünglichen Sanskrit – bedeutet im Tibetischen wörtlich „Held der Gedanken der Erleuchtung". Sie werden so genannt, weil sie ihre Gedanken darauf richten, große Erleuchtung zu erlangen.

---

[28] *Die Zuhörer waren:* Das Wort „Zuhörer" bedeutet im vorliegenden Zusammenhang einen Schüler, der noch nicht die Motivation eines „Kriegerheiligen" oder Bodhisattvas erreicht hat – also den Wunsch, ein vollständiger Buddha zu werden, um unzähligen Lebewesen zu helfen. Das Wort wird klassischerweise so erklärt, dass es sich auf Schüler des Buddhas bezieht, die zwar die Belehrungen über diese Motivation gehört haben, aber zu diesem Zeitpunkt nicht in der Lage sind, sie in die Praxis umzusetzen, obwohl sie sogar anderen beschreiben könnten, was sie gehört haben. Siehe z. B. f. 4b von Je Tsongkapas Meisterwerk über die Leerheit, *Erleuchtung des wahren Gedankens* (B13, S05408) – auch ein Band der Diamantschneider-Klassiker-Reihe.

[29] *Im ursprünglichen Sanskrit:* Dort heißt es natürlich *Sangha.*

[30] *Sieben verschiedene Konnotationen:* Siehe f. 35a des Werkes, das zu den fünf Büchern von Maitreya gehört (S16, TD04020). Hier wird das Wort „groß" in Bezug auf den „Großen Weg" beschrieben: den Pfad, wie er von denen praktiziert wird, die ein vollständig erleuchteter Buddha werden wollen, um allen Lebewesen im Universum zu helfen. Gungtang Lodru Gyatso erklärt diese sieben wie folgt: Der „große Fokus" bezieht sich darauf, dass sich jemand den gesamten Korpus des „Großen Weges" zu eigen gemacht hat und die „zwei großen Errungenschaften" auf die Verwirklichung aller eigenen Bedürfnisse und aller Bedürfnisse anderer. „Große Weisheit" ist die Erkenntnis, dass sowohl Dinge als auch Menschen keine Eigen-Natur haben. „Große Anstrengung" ist die Bereitschaft, drei „zahllose" Äonen lang spirituelle Anstrengungen zu unternehmen, und der „große Kunstgriff" bezieht sich auf die Liebe, die all die Wesen im Kreislauf des Schmerzes niemals aufgeben wird. „Große Praxis" bedeutet die Entwicklung von erleuchteten Eigenschaften wie den zehn Kräften, während „große Handlungen" bedeutet, immer und immer wieder die heiligen Handlungen zum Erreichen von Nirwana und Erleuchtung auszuführen. Siehe f. 217a des Werkes (B19, S00967).

[66]
Das Wort *„Schar"* hat im ursprünglichen Sanskrit[29] die Konnotation einer Gruppe, die durch Kräfte, die gegen sie arbeiten, nicht aufgespalten werden kann. Das Wort „groß" kommt hier zweimal vor: Das erste Mal weist es darauf hin, dass die Mitglieder der ersten Gruppe ausgezeichnete Eigenschaften erwarben, weil sie Negativitäten aufgaben und bestimmte Erkenntnisse erlangten.

[67]
Die zweite Verwendung von „groß" hat sieben verschiedene Konnotationen. Wie es das *Juwel der Sutras* ausdrückt, bezieht sich das Wort „groß" auf Fokus, Errungenschaften, Weisheit, Anstrengung, Kunstgriff, Praxis und Handlungen.[30]

[68]
Die Worte *„mit ihm war"* deuten darauf hin, dass Lord Buddha sich bei seinem Gefolge aufhielt.

Die Einzigartigkeit der Situation

[69]
Das bringt uns zum zweiten Teil: der Einzigartigkeit der Situation. Diese hat drei Teile: der meditative Zustand des Geistes, der den Segen gab, die Person, die so gesegnet wurde, und die Art und Weise, wie sie gesegnet wurde.

Die Segnungsmeditation

[70]

> **[C6]**
> **Und dann begab sich der Eroberer in eine tiefe Meditation über den Teil der Lehre, der als „Bewusstsein des Tiefgründigen" bekannt ist.**

[71]
Der erste davon wird mit den Worten beschrieben: *„Und dann begab sich der Eroberer in eine tiefe Meditation über den Teil der Lehre, der als das ‚Bewusstsein des Tiefgründigen' bekannt ist."* Die Worte *„Und dann"* sollen auf einen bestimmten Zeitpunkt hinweisen. Die Erwähnung *„der Eroberer"* beschreibt den Lehrer dieser Lektionen.

[72]
Das Wort *„Tiefgründigen"* beschreibt den Aspekt des Objekts: Leerheit. *„Bewusstsein"* vermittelt den dazugehörigen Subjekt-Geisteszustand: die tiefe Meditation, die diesen Namen trägt. Lord Buddha *„begab sich"* in diese tiefe Meditation, was bedeutet, dass er seinen Geist in diese Art von meditativem Gleichgewicht versetzte.

[73]
Grundsätzlich befindet sich der Eroberer – ein Buddha – ständig in einem Zustand der Meditation über die wahre Natur der Dinge und kommt nie aus dieser Meditation heraus. Es ist also nicht so, dass sich Lord Buddha hier in eine Meditation über das Bewusstsein des Tiefgründigen begibt, in der er sich nicht schon vorher befand. Trotzdem ist es kein Widerspruch: Der Sinn der Zeile besteht einfach nur darin, darauf hinzuweisen, dass er sich in Meditation befindet.

Wer gesegnet wurde

[74]
Hier ist nun der zweite Punkt: wer gesegnet wurde. Nachdem er sich in die tiefe Meditation begeben hat, segnet der Lehrer Shariputra, um seine Frage zum Tiefgründigen zu stellen.

Der Hintergrund der Frage

[75]
Was uns zum dritten Punkt bringt: die Art und Weise, wie die Person gesegnet wurde. Hier behandeln wir zwei Themen: den Hintergrund für die Frage und dann die Art und Weise, wie Frage und Antwort abliefen.

[76]

> [C7]
> **In diesem Moment begab sich auch der Verwirklichte, der große Krieger, der Herr der Macht, Liebende Augen, in diese eine tiefe Praxis, die Praxis der Perfektion der Weisheit. Und er erkannte einwandfrei, dass die fünf Haufen – die fünf Teile einer Person – leer von jeglicher Eigen-Natur sind.**

[77]
Hier ist also zunächst der Hintergrund für das Frage-und-Antwort-Spiel, das nun folgt. Dies wird im Sutra angedeutet mit den Worten, die beginnen mit *„In diesem Moment begab sich auch der Verwirklichte, der große Krieger, der Herr der Macht, Liebende Augen […]"* und weitergeht bis *„[…] leer von jeglicher Eigen-Natur sind"*.

[78]
Das Wort *„auch"* an dieser Stelle soll sagen: „Nicht nur der Lehrer begab sich in eine tiefe Meditation über das Bewusstsein des Tiefgründigen."

[79]
In diesem Moment konzentriert sich der Bodhisattva Liebende Augen auf die Erleuchtung eines Buddhas, mit dem Wunsch, sie zu erreichen, um seine eigenen Ziele zu verwirklichen, daher das Wort *„Krieger"*. Im gleichen Moment konzentriert er sich auf dieselbe Erleuchtung, um die Ziele anderer zu erreichen – daher ist er ein *„großer"* Krieger.

[80]
Er wird hier ein *„Verwirklichter"* genannt, weil er die Ebene eines gewöhnlichen Wesens verlassen und sich von untugendhaftem Verhalten weit entfernt hat.[31] Er wird *„Liebende Augen"* genannt, weil er in allen sechs Wachen des Tages mit Mitgefühl auf die Wesen der fünf verschiedenen Klassen blickt.[32]

[81]
Liebende Augen wird hier als *„Herr der Macht"* bezeichnet, weil er ein Herr der Lehren ist. Genau aus diesem Grund setzt er seine Weisheit ein – auf dieselbe Weise wie der Lehrer – *um sich in diese eine tiefe Praxis zu begeben: die Praxis der Perfektion der Weisheit.*

[82]
Er unternimmt es hier auch mit seiner Weisheit, *vollständig perfekt zu sehen, dass die fünf Haufen*[33] – Form und die übrigen vier *Teile einer Person – leer von jeglicher eigenen Natur sind.*

---

[31] *Weit entfernt hat:* Bezieht sich auf die Tatsache, dass das ursprüngliche Sanskrit-Wort, *Arya,* auch bedeuten kann, weit über oder jenseits von etwas zu sein.

[32] *Sechs Wachen & fünf Klassen:* Die „sechs Wachen" beziehen sich auf drei Perioden während des Tages und drei Perioden während der Dunkelheit der Nacht. Die gleichen tibetischen Worte *(dus drug)* können sich auch auf sechs Jahreszeiten beziehen: Frühling, Frühsommer, Spätsommer, Herbst, Frühwinter und Spätwinter. Wenn sie als fünf aufgelistet werden, sind es die Klassen von Wesen: Höllenwesen, Hungergeister, Tiere, Menschen und Lustwesen.

[33] *Die fünf Haufen:* Dies sind die fünf Grundkomponenten eines Menschen, die im Grunde dem Ausdruck Körper und Geist entsprechen. Diese werden im Folgenden aufgelistet: Sie werden „Haufen" genannt, weil jeder von ihnen selbst ein „Haufen" aus vielen Unterkomponenten ist. Siehe die berühmte Erklärung des Namens von Meister Vasubandhu in seinem *Schatzhaus des höheren Wissens* auf f. 2b (S17, TD04089).

[34] *Alle sechs Perfektionen:* Das heißt, die grundlegenden Praktiken, die zur Lebensweise eines Bodhisattvas gehören: Geben, ethische Lebensführung, Vermeidung von Ärger, freudvolles Tun, Meditation und Weisheit. „Kinder der Siegreichen" ist ein technischer Begriff, der sich auf männliche und weibliche Bodhisattvas bezieht.

[35] *Ansicht & Praxis:* Ein Hinweis darauf, dass die sechs Perfektionen oft in Ansichten und Praktiken unterteilt werden. Weisheit und die ihr zugrundeliegende Meditationspraxis werden traditionell als Elemente der Ansicht betrachtet, während Geben, ethische Lebensführung und Geduld als Praktiken angesehen werden. Vom freudvollen Tun wird gesagt, dass es beide unterstützt. Siehe z. B. den bedeutenden mongolischen Gelehrten Ngawang Pelden auf f. 22b seines Kommentars zum *Betreten des Mittleren Weges* (B7, S00981).

[83]
Dort, wo es heißt *„er begab sich"*, ist die Verbform, die tatsächlich verwendet wird, die zukünftige Zeitform „er wird sich begeben". Es fühlt sich komisch an, diese Zeitform hier wörtlich zu verstehen, aber so sehen wir es in der großen Mehrheit der Ausgaben, was es zu etwas macht, das wert ist, weiter untersucht zu werden.

[84]
Im Allgemeinen umfassen die Praktiken, die von den Kindern der Siegreichen befolgt werden, alle sechs Perfektionen.[34] Nichtsdestotrotz erwähnt das Sutra hier ausdrücklich die „Praxis des Tiefgründigen" und bezieht sich damit auf die Praxis der Meditation über die Weisheit, die wir machen, um das Tiefgründige zu erkennen. Als solches würde ich sagen, dass es – in diesem allgemeinen Sinn – nicht zutrifft, dass eine Sache nicht sowohl eine Ansicht als auch eine Praxis sein kann.[35]

Die Frage

[85]
Hier kommt nun unser zweiter Punkt: die Art und Weise, wie das Frage-und-Antwort-Spiel vonstatten ging. Wir werden separat beschreiben, wie dies ablief.

[86]

> [C8]
> **Und dann, durch die Ermächtigung des Erleuchteten, drehte sich der Juniormönch namens Shariputra um und stellte dem großen Krieger Liebende Augen, dem Verwirklichten, dem Herrn der Macht diese Frage:**

[87]
Die erste Frage reicht von den Worten *„Und dann, durch die Ermächtigung des Erleuchteten, drehte sich der Juniormönch namens Shariputra […]"* bis *„[…] Herrn der Macht"*.

[88]
Die Worte *„und dann"* am Anfang des Satzes weisen auf einen zeitlichen Aspekt hin und dienen als Überleitung zu dem, was als nächstes kommt.

[89]
Die Worte *„durch die Ermächtigung des Erleuchteten"* liefern einen kausalen Aspekt. Das heißt, Shariputra stellt die Frage nicht aus eigenem Antrieb, sondern es geschieht durch die Ermächtigung des Erleuchteten.

[90]
Das Wort für *„Juniormönch"* bedeutet hier wörtlich „der mit Zeit oder Leben". Ganz allgemein bezieht sich somit das Wort auf jemanden, der sein Leben noch nicht verloren hat. An dieser Stelle jedoch ist es ein Ausdruck der Hochachtung oder eine respektvolle Art, sich auf eine ordinierte Person zu beziehen.[36]

[91]
Der Name dieses Mönchs, *Shariputra*, bedeutet wörtlich „Sohn von Shari" und sagt uns, dass der Name seiner Mutter Sharika war.[37] Sein Name liefert die Information, wer es war, der die Frage stellte.

[92]
In Wirklichkeit war Shariputra kein Zuhörer. *In der Lampe der Erleuchtung* wird erklärt, dass er eine Emanation des Hinderniszerstörers war.[38]

[93]
Die Worte *„großer Krieger"* und so weiter sind wie vorher zu verstehen.

[94]
Der Ausdruck *„drehte sich um und stellte diese Frage"* bedeutet, dass Shariputra das sprach, was wir jetzt erklären werden.

[95]

[C9]

Wenn ein Sohn oder eine Tochter aus nobler Familie sich wünscht, der tiefen Praxis der Perfektion der Weisheit zu folgen, was müssten sie dann tun?

[96]

Als nächstes kommt die eigentliche Frage, bei der Shariputra die Frage stellt, die von *„Wenn ein Sohn oder eine Tochter [...]"* bis *„[...] was müssten sie dann tun?"* reicht.

[97]

Der Ausdruck *„Sohn einer noblen Familie"* bezieht sich hier auf jemanden, der in die Familie des Dharmas oder in die Familie der Bodhisattvas (der spirituellen Krieger) geboren wurde. Einige Gelehrte vertreten den Standpunkt, dass der Ausdruck *„Tochter aus nobler Familie"* eine Verfälschung der ursprünglichen Lesart sei. Aus ihrer Sicht bezieht sich „Sohn aus nobler Familie" auf „Liebende Augen".

---

[36] *Juniormönch:* Der ursprüngliche Ausdruck – *āyuṣmān* in Sanskrit und *tse dang ldan-pa* im Tibetischen – wurde fälschlicherweise als „einer, der schon viel Zeit hinter sich hat" und somit als älterer Mönch interpretiert. Aber die eigentliche Bedeutung des Ausdrucks ist „einer, der noch viel Zeit vor sich hat", also ein junger Mönch. Siehe z. B. f. 233a des Kommentars zu den Mönchsgelübden von Keutsang Rinpoche Lobsang Jamyang Munlam (geb. 1689) (B1, S06519).

[37] *Sohn von Sharika:* Die uns zur Verfügung stehende tibetische Übersetzung aus der Lhasa-Ausgabe des Kangyur führt das Sanskrit als *Sharadvati-putra* (Śāradvatī-putṛa) auf, was als vollen Namen der Mutter *Sharadvati* ergeben würde. *Sharad* ist ein Verweis auf „Herbst", und *vati* bedeutet „haben" oder „ähnlich". Manchmal können sich diese beiden Wörter in Kombination auf jemanden beziehen, der „viele Herbste" hat, oder in den Jahren fortgeschritten ist. Wahrscheinlicher ist jedoch, dass sie sich darauf beziehen, dass die Mutter des Mönchs ein Gesicht hat, das so hell und weich ist wie ein Erntemond (wie in *śarac-candra).* Choney Lama behandelt diesen Punkt weiter unten (siehe Abschnitt 279), in seiner Erklärung der letzten Worte des Sutras.

[38] *Emanation des Hinderniszerstörers:* Siehe f. 33b von Je Tsongkapas klassischer Erklärung der geheimen Lehren (B10, S05282) sowie Meister Chandrakirtis Original-Kommentar (f. 9b, S3, TD01785). „Hinderniszerstörer" (Skt: *Sarva Nivarana Vishkambhin)* ist der Name eines der „Acht Nahen Söhne" – Bodhisattvas, die Lord Buddha besonders nahestanden. So sagt Choney Lama, dass Shariputra nicht, wie allgemein gesagt, ein Schüler auf dem niedrigeren „Zuhörer"-Weg war, sondern sich auf dem höheren Bodhisattva-Weg befand.

[98]
Andere sagen, dass der Ausdruck *„Tochter aus nobler Familie“* in der chinesischen Version des Sutras zu finden sei.[39] Ihnen zufolge beschreibt „Sohn oder Tochter aus nobler Familie“ jeden Mann oder jede Frau, der oder die sich in der Perfektion der Weisheit üben möchte.

[99]
Unabhängig davon scheint es angemessen anzunehmen, dass die spezifische Verwendung des Wortes *„ein“* hier ein Hinweis auf jeden Mann oder jede Frau ist, das heißt auf jeden Sohn oder jede Tochter dieser noblen Familie.

[100]
Die Frage, die hier im Sutra gestellt wird, ist im Wesentlichen:

> Angenommen, eine Person *wünscht sich, der tiefen Praxis der Perfektion der Weisheit zu folgen* – das heißt, sie konzentriert sich ganz darauf, diese zu erreichen. *Was müsste sie tun,* wie sollte sie den Pfad der Anhäufung, den Pfad der Vorbereitung, den Pfad des Sehens und den Pfad der Gewöhnung praktizieren?[40]

[101]
Wenn das Sutra sagt: „Shariputra *stellte diese Frage“*, gefolgt von *„dies ist“*, dann wird damit gesagt, dass die Frage abgeschlossen ist und wir zur Antwort übergehen.

Die Antwort

[102]
Das bringt uns zu unserem zweiten Schritt: der Antwort auf die Frage. Diese wird in vier Abschnitten gegeben: individuelle Anweisungen für die Praxis der Pfade, eine Zusammenfassung dieser Anweisungen, die in den Worten des Mantras enthalten ist, zusammenfassende Ratschläge für die Praxis und ein Freudenfest.

Praktizieren der Pfade

[103]
Der erste davon hat wiederum vier Teile: wie wir die Perfektion der Weisheit praktizieren, während wir uns auf dem Pfad der Anhäufung und dem Pfad der Vorbereitung befinden, wie wir sie auf dem Pfad des Sehens praktizieren, wie wir sie auf dem Pfad der Gewöhnung praktizieren und wie jedes erleuchtete Wesen – jede Person auf der Stufe des Nicht-mehr-Lernens – seine Ziele erreichte, indem es sich auf eben diese Perfektion der Weisheit verließ.

Der Pfad der Anhäufung & der Pfad der Vorbereitung

[104]
Den ersten davon decken wir ab, indem wir den Übergang erklären, und dann geben wir die Anweisungen zum Praktizieren dieser beiden Pfade.

[105]

> [C10]
> **Dies ist die Antwort, die der Herr der Macht, der Verwirklichte, der große Krieger Liebende Augen, dem Juniormönch namens Shariputra gab:**

---

[39] *In der chinesischen Version:* Die Wörter kommen tatsächlich mindestens einmal vor, und zwar in sieben Ausgaben der chinesischen Übersetzung, die wir überprüft haben. Die Sanskrit-Ausgabe von Conze stimmt auch damit überein (S. 34, S23).

[40] *Wie sollen sie die Pfade praktizieren?* Es heißt, dass das spirituelle Leben eines jeden Menschen fünf Stufen der Erkenntnis oder „Pfade" durchläuft. Wir beginnen auf dem „Pfad der Anhäufung", der typischerweise durch eine persönliche Tragödie ausgelöst wird und auf dem wir genügend gutes Karma ansammeln, um Leerheit zu verstehen – was uns für immer von allem Schmerz befreien wird. Als nächstes folgt der „Pfad der Vorbereitung", auf dem wir ein intellektuelles Verständnis von Leerheit erlangen, in Vorbereitung darauf, sie direkt zu sehen. Dann folgt der „Pfad des Sehens", auf dem wir Leerheit direkt sehen. Diese direkte Wahrnehmung zu verarbeiten oder uns an sie zu gewöhnen und sie zu nutzen, um unsere negativen Emotionen dauerhaft zu beenden, wird der „Pfad der Gewöhnung" genannt. Wenn wir dieses Ziel meistern, erreichen wir den fünften Pfad: Nirwana oder „kein Lernen mehr". Wenn wir dies mit der Motivation tun, allen Wesen zu helfen, erlangen wir vollständige Erleuchtung. Die klassischen Darstellungen der fünf Pfade finden sich in Meister Vasubandhus *Schatzhaus des höheren Wissens* (S17, TD04089) und im *Juwel der Erkenntnisse,* aufgezeichnet von seinem Halbbruder, Meister Asanga (S15, TD03786).

Hier, Shariputra, ist das, was jeder Sohn oder jede Tochter einer noblen Familie tun sollte, die sich wünscht, der tiefen Praxis der Perfektion der Weisheit zu folgen.

[106]
Hier ist der Übergang. Er wird vollzogen, wenn die Antwort auf die Frage beginnt – das heißt, er beginnt mit dem Teil von *„Dies ist die Antwort, die der Herr der Macht [...]"* bis zu *„[...] dem Juniormönch namens Shariputra gab"*. Dann wird übergeleitet zu dem Abschnitt, in dem Shariputra angesprochen wird *(„Hier, Shariputra [...]")*, und dann geht es weiter mit *„was jeder Sohn oder jede Tochter aus nobler Familie tun sollte"* und endet mit *„[...] der tiefen Praxis der Perfektion der Weisheit zu folgen"*.

[107]
Die Formulierung hier ist leicht zu verstehen. Es geht darum, zu sagen: „Sie sollten ihre Praxis so durchführen, wie ich diese Praxis jetzt erklären werde."

[108]
Manche sagten, dass sich dies nur darauf beziehe, wie wir die Pfade der Anhäufung und Vorbereitung praktizieren sollen. Aber eigentlich gilt es für die Durchführung aller Praktiken, die behandelt werden.

Nichts hat eine eigene Natur

[109]
Womit wir bei den Anweisungen zum Praktizieren dieser beiden Pfade wären. Wir fahren mit einer kurzen Einführung fort, gefolgt von separaten Anweisungen.

[110]
[C11]
Erkenne als erstes, dass die fünf Haufen – alle fünf Teile einer Person – leer von jeder selbst-existierenden Essenz sind.

[111]
Erstere kommt in den Worten zum Ausdruck: *„Erkenne als erstes unverfälscht*[41]*, dass die fünf Haufen – alle fünf Teile einer Person – leer von jeder selbst-existierenden Essenz sind."*

[112]
Nun ist es zugegebenermaßen so, dass alle Dinge, die es in der Welt gibt – die fünf Teile einer Person etc. – auf nominelle Art und Weise etabliert sind. Also ohne dass wir unseren Verstand und unsere Logik benutzen, die sich mit der Natur der Dinge auseinandersetzt, um herauszufinden, was wir mit unseren Projektionen erschaffen haben.[42]

[113]
Wenn wir jedoch die Erschaffung unserer Projektionen verfolgen, dann kann sie der Prüfung unseres logischen Verstandes nicht standhalten. Als solches

---

[41] *Erkenne als erstes unverfälscht:* Das „unverfälscht" *(yang-dag-par* im Tibetischen) findet sich in Choney Lamas Version des Sutras, aber nicht in unserer Kangyur-Standard-Version, die sich in dem Abschnitt befindet, der der Perfektion der Weisheit gewidmet ist. Die Version im Abschnitt des Kangyurs über die geheimen Lehren enthält jedoch dieses Wort, und der Abschnitt wird in modernen tibetischen Klöstern der Tsongkapa-Tradition gerne auf diese Weise rezitiert.

[42] *Mit unseren Projektionen erschaffen haben:* Es ist hier am Anfang des Sutras sehr wichtig, dass wir gut verstehen, was es bedeutet, etwas „nur mit einer Projektion zu erschaffen", auf Tibetisch: *rtog-pas btags tzam.* Wie sehen wir zum Beispiel einen Stift, wenn wir einen Stift sehen? Eine einfache und korrekte Art, sich den Prozess vorzustellen, ist, dass wir einen karmischen Samen in unserem Geist haben. Wenn sich das Samenkorn öffnet, erscheint ein winziges, leuchtendes Bild eines Stiftes. Dieses Bild fliegt zu den Teilen des Stiftes, die wir gerade betrachten und „legt sich" über diese Teile. Dann erscheint es uns, dass es einen Stift „da draußen" gibt. (Obwohl beispielsweise ein Hund, der andere Samen in seinem Geist hat, dieselben Teile als Kauspielzeug sehen könnte, da dies das geistige Bild ist, das sein Geist auf die Teile projiziert.) Aber der Stift sieht normalerweise auch so aus, als würde er *auf* uns zukommen, und wir müssen in unserer spirituellen Praxis an einen Punkt gelangen (was zufällig am Ende des unten beschriebenen Pfades der Vorbereitung passiert), an dem wir tatsächlich sehen können, wie er *von* uns kommt: Während ein karmischer Same sich öffnet, erzeugt er das „Bild" oder die „Projektion" eines Stiftes, und dann geht dieses Bild hinaus und legt sich über die Teile des Stiftes, was dann einen *vollständigen* Stift ergibt. Wie wir hier oft hören werden, sind die anderen Teile ohne dieses Bild oder diese Projektion (das, was wir „den Stift" nennen) allein nicht genug, um ein vollständiger Stift zu sein, und wenn wir unter den einzelnen Teilen oder allen zusammen (ohne das Bild oder die Projektion) nach einem Stift suchen, werden wir niemals einen Stift finden. Alles, was dann noch bleibt, ist zu untersuchen, *wie* der karmische Samen für einen Stift überhaupt in unseren Geist gelangte. Hier kommen Güte und Moral ins Spiel: Der Stift-Same wurde in der Vergangenheit gepflanzt, als wir einen Stift oder ein anderes Mittel zur besseren Kommunikation mit anderen, die Bedarf dafür hatten, *teilten.*

sollten wir *als erstes erkennen,* dass *die fünf Haufen – alle fünf Teile einer Person* und nicht nur jeder einzelne von ihnen, wie zum Beispiel der Haufen der Form – *leer von jeder selbst-existierenden Essenz* sind. Wenn wir hier *„erkennen"* sagen, meinen wir damit, dass wir diese Sache unverfälscht sehen sollten: also rein, genau so, wie sie wirklich ist. Die Zeilen stellen eine kurze Zusammenfassung dessen dar, wie wir tiefgründige Leerheit verstehen sollten.

[114]
All dies deutet außerdem darauf hin, dass wir – an dem Punkt, an dem wir uns auf den Pfaden der Anhäufung und Vorbereitung befinden – Leerheit ausschließlich mit Hilfe geistiger Archetypen wahrnehmen können. Dann, auf dem Pfad des Sehens, nehmen wir sie direkt wahr. Danach, auf dem Pfad der Gewöhnung, meditieren wir über das, was wir zuvor direkt wahrgenommen haben, sodass wir uns darin üben und uns daran gewöhnen können.

Die vier Aussagen des Tiefgründigen

[115]
Hier kommen nun die einzelnen Anweisungen, in zwei getrennten Schritten: Zuerst verwenden wir die „vier Aussagen des Tiefgründigen", weil sie sich auf den Haufen der physischen Form beziehen. Danach verwenden wir die gleiche logische Herangehensweise bei den anderen vier Haufen.

[116]

> [C12]
> **Dein Körper ist leer, Leerheit ist dein Körper. Leerheit ist nichts anderes als dein Körper, und dein Körper ist nichts anderes als Leerheit.**

[117]
Hier ist die erste. „Wie kommt es", mag man fragen, „dass so etwas wie der Formhaufen – also unser Körper – keine eigene Natur hat?"

[118]
Die Antwort findet sich in den nächsten Zeilen des Sutras: *„Dein Körper ist leer. Leerheit ist dein Körper. Leerheit ist nichts anderes als dein Körper, und dein Körper ist nichts anderes als Leerheit."*

[119]
Der physische *Körper* einer Person ist etwas, das nur dadurch existiert, dass er dem Verstand erscheint, wenn er in einem nominellen Modus arbeitet, ohne zu untersuchen oder zu erforschen, was wirklich da ist. Wenn wir eine Untersuchung mit Hilfe von Logik vornehmen, die im Bereich des Ultimativen operiert, verlieren wir das Ding, das wir projiziert haben. An diesem Punkt können wir sagen, dass dieses Ding *leer* davon ist, von seiner eigenen Seite zu kommen: Dass es leer davon ist, durch eine eigene Natur zu existieren.

[120]
Das ist genauso wie beispielsweise bei anderen Dingen, die nur so existieren, wie sie einem nominellen Geisteszustand erscheinen: Dinge wie ein Mond, der sich im Wasser spiegelt, oder die Reflexion von jemandem in einem Spiegel oder eine Fata Morgana von Wasser, die in einer Wüste erscheint, Menschen, die wir in einem Traum treffen, oder ein illusorisches Pferd oder ein Elefant, der von einem Magier heraufbeschworen wurde. Alle diese Dinge existieren nur als Erscheinungen, sie existieren nicht als der Mond selbst und so weiter.

[121]
Was es bedeutet, wenn wir sagen, wir „gehen auf die Suche nach dem, was wir projiziert haben", ist etwas, das wir im weiteren Verlauf des Textes behandeln werden.[43]

[122]
Jetzt denkst du dir vielleicht:

> Wenn wir sagen, dass etwas „nicht durch eine eigene Natur existieren kann", sagen wir dann, dass es überhaupt nicht existieren kann?

[43] *Im weiteren Verlauf des Textes:* Siehe Abschnitt 189 unten.

[123]
Nein, das ist nicht der Fall. Während Form gleichzeitig auf diese Weise *leer* von jeder Eigen-Natur ist, erscheint sie auch – wenn auch nur nominell – als Form, als unser *Körper.*

[124]
Es ist zum Beispiel kein Widerspruch, dass eine Spiegelung des Mondes auf der Oberfläche eines Sees so erscheinen kann, als wäre sie der Mond, obwohl sie in Wirklichkeit nicht der Mond ist.

Der Mond auf einem See

[125]
Nun könntest du die folgende Frage stellen:

> Eine Spiegelung des Mondes ist also nicht der Mond. Wollen wir damit sagen, dass auf die gleiche Weise Form keine Form ist? Sonst macht es ja keinen Sinn, dieses Beispiel für diesen Punkt zu verwenden.

[126]
Diese Frage könnte eine große Quelle für Zweifel sein und verdient eine detaillierte Behandlung. Ich habe aber das Gefühl, dass es den Rahmen dieser Arbeit sprengen würde, wenn wir das hier machten. Daher möchte ich meinen Lesern raten, diese Frage so zu untersuchen, wie sie in den großen Abhandlungen des *Vaters und seiner Söhne* behandelt wird.[44]

---

[44] *Vater und seine Söhne:* Bezieht sich auf Je Tsongkapa und seine beiden geistigen Söhne: Gyaltsab Je und Kedrup Je.

[45] *Der Mittlere Weg:* Es gibt vier große buddhistische Denkschulen aus dem alten Indien, und die höchste von ihnen wird die Schule des Mittleren Weges genannt. An dieser Stelle verwendet Choney Lama den Ausdruck jedoch als eine Art, Dinge zu betrachten. Wie wir später sehen werden, gibt es auch einen mittleren Weg zwischen den beiden Extremen (zu denken, dass Dinge von ihrer eigenen Seite kommen und sich daher unmöglich verändern können, und zu denken, dass – wenn sie nicht von ihrer eigenen Seite kommen – sie überhaupt nicht existieren können). Es ist ein bisschen so, als würde man mit dem Auto geradeaus in der Mitte einer Landstraße fahren und die Gräben auf beiden Seiten meiden

[127]
Vielleicht kann ich an dieser Stelle aber dennoch kurz darauf eingehen. Schauen wir uns an, wie sich die Metapher und das, worauf sie sich bezieht, zueinander verhalten. Die Spiegelung einer Sache ist nicht die Sache, die reflektiert wird. Die Metapher soll uns helfen zu verstehen, dass physische Form nichts ist, das durch eine eigene Natur als physische Form existiert.

[128]
Wirklich jeder, der versteht, was die Worte „Reflexion im Spiegel" bedeuten, kann erfassen, dass eine Reflexion im Spiegel nicht das Ding an sich ist: das Ding, das im Spiegel reflektiert wird. Insofern könnte jeder Mensch auf der Welt zu dem Schluss kommen, dass „eine Reflexion unecht ist: Sie ist nicht das, was sie zu sein scheint".

[129]
Die Tatsache, dass physische Form nicht durch eine eigene Natur existiert, ist jedoch nichts, was ein normaler Mensch allein herausfinden könnte. Physische Form ist etwas, das so zu existieren scheint, als würde es wirklich existieren – zumindest für den Verstand eines normalen Menschen. Wir können sogar sagen, dass sie (die *Form*) für die Wahrnehmung normaler Menschen *wirklich* existiert.

[130]
Dennoch ist es mit der logischen Beweisführung des Mittleren Weges möglich, zu der Erkenntnis zu gelangen, dass dieselbe physische Form nicht so existieren kann, wie sie zu existieren scheint. Damit wäre sie dann unwirklich, in dem Sinne, wie dieses Wort von den Schülern des Mittleren Weges verstanden wird.[45]

[131]
Wir haben hier mit der Metapher also etwas begonnen, das von normalen Menschen als unwirklich verstanden wird. Dann gehen wir zu etwas über, das von denselben Menschen grundsätzlich als nicht unwirklich verstanden wird: physische Form und der Rest. Wir beweisen damit, dass es – auch

wenn diese Dinge durch eine eigene Essenz zu existieren scheinen – falsch wäre zu sagen, dass sie tatsächlich so existieren.

[132]
Eine Reflexion in einem Spiegel ist nicht die Sache, die im Spiegel reflektiert wird – aber sie *ist* eine Spiegelung. Ebenso können wir sagen, dass – obwohl physische Form nicht durch eine eigene Natur existiert – sie durch eine korrekte, nominelle Art der Wahrnehmung als physische Form festgestellt werden kann. Dieselbe Idee kann dann auch auf alles andere angewendet werden.

[133]
Nun könnten wir uns die folgende Frage stellen:

> Die scheinbare Natur physischer Form ist ein produziertes Ding, während die Tatsache, dass dieselbe Form nicht durch eine eigene Natur existieren kann, ein unproduziertes Ding ist. Bedeutet dies dann nicht, dass diese beiden grundverschieden sein müssten?

[134]
Das ist jedoch nicht der Fall. Was hier gesagt wird, ist, dass die Tatsache, dass der Haufen physische Form – d. h. der Körper – *leer* von jeder eigenen Natur *ist,* im Wesentlichen *nichts anderes ist als unser Körper.* Das heißt, das eine zu sein bedeutet im Grunde, das andere zu sein.

[135]
Zum Beispiel ist die Tatsache, dass die Reflexion des Mondes auf einem See so aussieht, als sei sie der Mond selbst, im Wesentlichen dasselbe wie die Tatsache, dass die Reflexion nicht der Mond ist. Im Grunde unterscheiden sie sich nicht.

[136]
Des Weiteren sind die beiden Tatsachen (dass die Reflexion der Mond zu sein scheint und dass sie nicht wirklich der Mond ist) zwei Dinge, die in Bezug auf ein einziges gemeinsames Objekt direkt – durch die Wahrneh-

mungen einer nominellen Form korrekter Wahrnehmung im Geist einer normalen Person – und im selben Moment existieren.

[137]
Die Tatsache, dass physische Form und die ihr innewohnende Abwesenheit jeglicher Eigen-Natur im Prinzip dasselbe sind, ist etwas, das ein normaler Mensch nicht allein herausfinden könnte. Es ist jedoch etwas, das eine Person, die die logische Beweisführung des Mittleren Weges verstanden hat, begreifen kann.

[138]
Es ist nicht nur nicht der Fall, dass die Tatsache, dass physische Form leer von jeder Eigen-Natur ist, sich wesentlich von der physischen Form unterscheidet. Es ist auch nicht der Fall, dass physische Form, unser Körper, sich wesentlich von der Tatsache unterscheidet, dass diese Form leer von jeder Eigen-Natur ist. *Das bedeutet, unser Körper ist nichts anderes als Leerheit.*

[139]
Es ist zum Beispiel wie die Tatsache, dass die Reflexion von etwas in einem Spiegel nicht unabhängig von der Tatsache gesehen werden kann, dass diese Reflexion leer davon ist, tatsächlich die Sache zu sein, die im Spiegel reflektiert wird.

[140]
Zusammenfassend lässt sich also sagen, dass Dinge wie physische Form – und die Tatsache, dass sie keine eigene Natur haben – in Wirklichkeit nur unterschiedliche Manifestationen ein und derselben Sache sind. Sie ähneln zum Beispiel der Tatsache, dass Dinge, die gemacht wurden, und die Tatsache, dass diese Dinge in einem Zustand ständiger Veränderung sind, eigentlich auch nur unterschiedliche Manifestationen derselben Sache sind.

[141]
Unser Beschützer, Nagarjuna, drückte dies in seinem *Kommentar zum Wunsch nach Erleuchtung* wie folgt aus:

Sosein ist nichts,
Das man jemals
Unabhängig vom Trügerischen sehen kann,
Denn trügerische Dinge
Werden beschrieben
Als nichts anderes als Leerheit.

Wenn man eines der beiden ausblendet,
Verschwindet immer auch das andere.
Genauso wie Dinge, die gemacht werden,
Und Dinge, die sich ständig verändern.[46]

[142]
Dinge wie physische Form und die Abwesenheit jeglicher Eigen-Natur, diese beiden, sind unterschiedliche Manifestationen derselben Sache. Aber im Sutra *Was ich wirklich gemeint habe*[47] werden vier Probleme, die sich auf diese Idee beziehen, thematisiert. Wir können diese vier zusammenfassen, indem wir sagen, dass – auch wenn physische Form und die Tatsache, dass sie leer von jeder Eigen-Natur ist, im Wesentlichen dasselbe sind – dies keineswegs bedeutet, dass sie ein und dasselbe sind. Das heißt, die physische Form ist etwas, das zur trügerischen Realität gehört, während die Tatsache, dass diese Form leer von jeder eigenen Natur ist, zur ultimativen Realität gehört.

[143]
Aber es ist auch nicht wahr, dass diese beiden sich wesentlich unterscheiden, denn wenn das so wäre, dann wären sie beziehungslos, und in diesem Fall wäre physische Form nicht mehr leer von jeder eigenen Natur.

[144]
Dies funktioniert wie folgt: Weil alle Dinge im Universum in Abhängigkeit existieren, gibt es kein Objekt, das nicht in Abhängigkeit existiert. Da das der Fall ist, kann es auch nichts im Universum geben, das nicht leer davon ist, eine eigene Natur zu haben. Wie es die *Lobpreisung der Abhängigkeit* ausdrückt:

[145]

Daher sagtest du,
Dass es im ganzen Universum
Nichts gibt
Außer Dingen, die in
Abhängigkeit existieren.

Und dass deshalb
Nichts existiert
Außer Dingen, die leer von
Jeder eigenen Natur sind.[48]

Auch die anderen vier Haufen

[146]

Dies bringt uns zum zweiten Schritt: der Anwendung dieser Schlussfolgerung auf die anderen vier Haufen.

[147]

[C13]

Dasselbe gilt für deine Gefühle, deine Fähigkeit, zwischen Dingen zu unterscheiden, und die anderen Faktoren, die dich ausmachen, und all die unterschiedlichen Arten von Bewusstsein, die du besitzt: Sie alle sind leer.

---

[46] *Wenn man eines der beiden ausblendet:* Siehe ff. 40b-41a des Werkes (S8, TD01800).

[47] *Vier Probleme aus „Was ich wirklich gemeint habe":* Dies ist das berühmte Sutra (S31, KL00106), das die Grundlage von Je Tsongkapas brillanter Studie darüber bildet, wie man den Buddha interpretiert, und das in der Diamantschneider-Klassiker-Reihe ins Englische übersetzt wurde. Die vier genannten Probleme werden von Sera Jetsun Chukyi Gyeltsen (1469–1546) in seinem Überblick über Tsongkapas Werk (B23, S06820; siehe f. 6b) schön zusammengefasst.

[48] *Nichts als leere Dinge:* Siehe f. 13b des Werkes (B12, S05275-15).

[148]
Die entsprechenden Zeilen im Sutra lauten hier: „*Dasselbe gilt für deine Gefühle, deine Fähigkeit, zwischen Dingen zu unterscheiden, und die anderen Faktoren, die dich ausmachen, und all die unterschiedlichen Arten von Bewusstsein, die du besitzt: Sie alle sind leer.*" Was damit gesagt werden soll, ist, dass die anderen vier Haufen – Gefühle und der Rest – leer davon sind, durch eine eigene Natur zu existieren. Das bedeutet, wir können die gleiche Metapher und ihre Bedeutung für die Erklärung des Haufens des Körpers – physische Form – nehmen und sie auf diese vier anwenden.

[149]
Obwohl Gefühle und die anderen drei leer von jeder eigenen Natur sind, erscheinen die vier nominell gesehen als Gefühle und der Rest.

[150]
Genauso gehen wir dann im Folgenden vor. Das heißt, die Tatsache, dass diese vier leer von jeder eigenen Natur sind, ist nichts, das sich wesentlich von den vier, den Gefühlen und dem Rest, unterscheidet. Auch sind die vier, Gefühle und der Rest, nicht wesentlich verschieden von der Tatsache, dass diese vier leer von jeder eigenen Natur sind, was bedeutet, dass diese Dinge im Wesentlichen ein und dasselbe sind.

Der Pfad des Sehens

[151]
Das bringt uns zum zweiten Teil: wie wir die Perfektion der Weisheit auf dem Pfad des Sehens praktizieren.

[152]

> **[C14]**
> **Und so können wir sagen, Shariputra, dass jedes existierende Ding Leerheit ist. Nichts besitzt Eigenschaften von sich aus. Nichts beginnt jemals. Nichts endet jemals. Nichts ist jemals unrein. Nichts wird jemals rein. Nichts wird jemals weniger und nichts wird jemals mehr.**

[153]
Dieser Abschnitt soll vermitteln, dass Dinge eine tiefe Natur mit acht Eigenschaften besitzen: *„Und so können wir sagen, Shariputra, dass jedes existierende Ding Leerheit ist. Nichts besitzt Eigenschaften von sich aus. Nichts beginnt jemals. Nichts endet jemals. Nichts ist jemals unrein. Nichts wird jemals rein. Nichts wird jemals weniger und nichts wird jemals mehr.“*

[154]
Hier wird Shariputra nun wieder beim Namen genannt, und wieder beziehen wir uns auf die Tatsache, dass Dinge leer von jeder eigenen Natur sind. Das heißt, es wird uns gesagt, dass *jedes existierende Ding* im Universum – einschließlich der zwölf Sinnestüren und der 18 Kategorien[49] – ebenfalls leer von jeder Eigen-Natur ist. Obwohl sie somit leer von jeder eigenen Natur sind, erscheinen sie uns dennoch als jedes einzelne Ding.

[155]
Lerne, diese Herangehensweise anzuwenden: die Tatsache, dass jedes dieser Dinge leer von jeder eigenen Natur ist, ist nichts, das von den Dingen selbst verschieden ist. Ebenso wenig sind diese Dinge etwas, das sich wesentlich von der Tatsache unterscheidet, dass sie leer von jeder eigenen Natur sind. All dies stellt die Tür zur Freiheit dar, die „Leerheit“ genannt wird.[50]

[49] *Sinnestüren & Kategorien:* weitere Möglichkeiten – jenseits der fünf Haufen – die Person und die Dinge der Welt zu unterteilen. Die zwölf Sinnestüren sind unterteilt in die sechs Objekte der Sinne (sichtbare Form, Klänge, Gerüche, Geschmäcker, Greifbares und Gedanken) und die sechs Subjekte, die diese Objekte wahrnehmen (die Sinne und das jeweilige Sinnesbewusstsein von Auge, Ohr, Nase, Zunge, Körper und das Bewusstsein der Gedanken). Die 18 Kategorien sind dieselben zwölf, wobei die Subjekte in separate Sinne und Sinnesbewusstseine aufgeteilt sind. Diese beiden Unterteilungen, zusammen mit der bereits vorgestellten Einteilung in fünf Haufen, sind das Hauptthema des ersten Kapitels des berühmten *Schatzhaus des höheren Wissens* (S17, TD04089).

[50] *Tür zur Freiheit der Leerheit:* Traditionell werden drei „Türen zur Freiheit“ vorgestellt: die Tür zur Freiheit, die „Leerheit“ genannt wird, die Tür zur Freiheit, „wo nichts eine Eigenschaft hat“, und die Tür zur Freiheit, „wo es keine Wünsche für die Zukunft gibt“. Diese beziehen sich jeweils auf die Weisheit, die wahrnimmt, dass nichts eine eigene gegenwärtige Essenz hat, dass nichts eine Ursache hat, die real ist, und dass nichts ein Ergebnis hat, das real ist. Siehe die anschauliche Darstellung dieses schwierigen Themas durch den großen Meister des berühmten tibetischen Klosters Sera Mey, Kedrup Tenpa Dargye (1493–1568), auf f. 2b von Band 4 seiner Übersicht über das *Juwel der Erkentnnisse* (B16, S00009-4).

[156]
Darüber hinaus hat *nichts* im Universum *eine Eigenschaft von sich aus,* die es definiert – eine Eigenschaft, wie etwas zu sein, auf das wir als physische Form[51] zeigen können, und das gleichzeitig per definitionem existiert. Ebenso wenig besitzt irgendetwas eine eher allgemeine Eigenschaft – wie etwas zu sein, das sich verändert, oder etwas, das keine eigene Natur hat – die per definitionem existieren könnte.

[157]
Alle erzeugten Dinge, wie zum Beispiel physische Form, beginnen, wenn auch nur nominell. Aber *nichts beginnt jemals* durch eine eigene Natur von sich aus.

[158]
Wenn diese Dinge, am Ende ihres Anfangs, zu einem Ende kommen, so geschieht auch das nur nominell. Aber *nichts endet jemals* durch eine eigene Natur von sich aus.

[159]
Nichts von all den Dingen, von denen sich diejenigen, die nach Freiheit streben, befreien müssen – *nichts, was unrein ist,* wie der Kreislauf des Schmerzes und all die Dinge, die ihn auslösen – existiert durch eine eigene Natur.

[160]
Auch von all den Dingen, die wir tun sollten, existiert nichts – *nichts,* was *rein wird,* die Freiheit des Nirvanas – *jemals* durch eine eigene Natur.[52] Diese Punkte stellen also die zweite Tür zur Freiheit dar, wo „nichts irgendeine Eigenschaft hat".

[161]
Nichts wird auch *jemals weniger* – das heißt, wenn die negative Seite von Dingen zu einem Ende kommt, passiert das nie durch eine eigene Natur.

[162]
Nichts wird jemals mehr, das heißt, wenn die reine Seite der Dinge in uns zur Vollendung kommt oder dort einfach zunimmt, dann geschieht das auch nicht durch eine eigene Natur. Wir würden wieder sagen, dass diese Punkte die dritte Tür zur Freiheit darstellen: wo es „keine Wünsche für die Zukunft gibt".

[163]
Wie die Mutter-Sutras es ausdrücken:

> Physische Dinge
> Kommen von nirgendwoher,
> Gehen nirgendwohin
> Und bleiben nirgendwo.[53]

[164]
Wie Lord Buddha auch in dem *Von der älteren Frau erbetenen Sutra* sagt: „Oh Schwester, nichts kommt von irgendwoher."[54]

[165]
Solche Hinweise sind zahlreich. Wenn wir verstehen, dass im Allgemeinen nichts im Universum durch eine eigene Natur existiert – dann können wir verstehen, dass ganz spezifisch keines der Dinge, die durch Ursachen und

---

[51] *Etwas, auf das wir als physische Form zeigen können:* Das ist in der Tat die klassische Definition von physischer Form, denn sonst ist so etwas wie „rot" oder „lang" sehr schwer mit Worten zu definieren. Siehe z. B. f. 3b der bahnbrechenden Darstellung von Ngawang Tashi vom Clan der Sey (1678–1738), die auch als Band der Diamantschneider-Klassiker-Reihe (B5, S25009) vorliegt.

[52] *Nichts wird rein:* Studenten des *Herz-Sutras* sollten sich bewusst sein, dass diese spezielle Zeile im Tibetischen in der gegenwärtigen monastischen Tradition oft falsch skandiert wird. Das bedeutet, *dri-ma dang bral-ba med-pa* ist fälschlicherweise zu *dri-ma med-pa* verkürzt worden. Siehe z. B. f. 159a der Liturgie für große Klöster in B17, S00207.

[53] *Bleiben nirgendwo:* Siehe z. B. f. 408a des dritten Teils der *Perfektion der Weisheit in 100.000 Zeilen* (S29, KL00008-3). Die ursprünglichen Sutras, die sich in erster Linie der Weisheit widmen, die die Leerheit wahrnimmt, werden die „Mutter-Sutras" genannt, weil sie als ihre Kinder verwirklichte Wesen hervorbringen: *Aryas,* die Leerheit direkt gesehen haben. Siehe die Erklärung des großen mongolischen Gelehrten Chujey Ngawang Pelden auf f. 6a im ersten Band seiner Übersicht über Lord Maitreyas *Juwel der Erkenntnisse* (B6, S00982-1).

[54] *Nichts kommt von irgendwoher:* Siehe f. 496a des Sutras (S25, KL00171).

Bedingungen erzeugt werden, am Anfang des Prozesses jemals durch eine eigene Natur beginnen kann.

[166]
Wenn wir einmal verstehen, dass Dinge nicht durch eine eigene Natur beginnen können, dann verstehen wir, dass sie in der Mitte des Prozesses nicht durch eine eigene Natur bleiben können und dass sie am Ende des Prozesses nicht durch eine eigene Natur aufhören können und so weiter. Dann sind wir in der Lage zu begreifen, wie die gesamte Struktur der Dinge, die wir tun müssen, und der Dinge, die wir aufgeben müssen, alle nur nominell existieren: dass auf ultimative Weise da nichts ist.

[167]
Der Hauptgrund dafür, dass wir sagen können, dass die Dinge niemals durch eine eigene Natur beginnen, liegt in der Tatsache, dass sie nur durch die Abhängigkeit von ihren verschiedenen Ursachen und Bedingungen beginnen können. Wie es im *Von Anavatapta erbetenen Sutra* heißt:

> Alles, was durch
> Faktoren ausgelöst wird,
> hat nie begonnen.[55]

[168]
Arya Nagarjuna stellte in seinen *Sechzig Versen über die Logik* ebenfalls fest:

> Dinge, die in
> Abhängigkeit beginnen,
> Beginnen niemals.
>
> Das ist genau das, was
> Der Eine mit dem höchstem Wissen
> Gesprochen hat.[56]

[169]
Der glorreiche Chandrakirti verfasste in seinem *Betreten des Mittleren Weges* auch jene Zeilen, die wie folgt beginnen:

Weil Dinge in Abhängigkeit
Von anderen entstehen [...][57]

[170]
Der Lord verwendete auch Formulierungen wie:

Du hast gesagt, dass alles
Auf der Welt,
Das von anderen Faktoren abhängt,
Leer von jeder
Eigenen Natur ist.[58]

[171]
Und so geht die Liste immerzu weiter. Dies soll uns darauf aufmerksam machen, dass etwas, das in Abhängigkeit von Ursachen und Bedingungen oder von seinen Teilen auftritt, etwas ist, das unter der Kontrolle anderer Kräfte entstand: Es ist aufgrund seiner Abhängigkeit von anderen Dingen entstanden. Es ist aber nichts, das aus eigener Kraft oder ohne Abhängigkeit von etwas anderem entstanden ist. Als solches existiert es nicht durch eine eigene Natur. Wie die *400 Verse* es ausdrücken:

---

[55] *Hat nie begonnen:* Siehe die Prosaquelle auf f. 340b des Sutras (S18, KL00156).

[56] *Das ist genau das:* Siehe f. 22a des Werkes (S9, TD03825), das zusammen mit dem aufschlussreichen Kommentar von Gyaltsab Je in der vorliegenden Diamantschneider-Klassiker-Reihe übersetzt ist.

[57] *Weil Dinge entstehen:* Die vollständigen Zeilen lauten:

Weil Dinge in Abhängigkeit
Von anderen entstehen,
Können sie mit solchen
Gedanken nicht gedacht werden.

Das ist dann also der Grund,
Warum die Logik der Abhängigkeit
Die Netze der falschen Sichtweisen
Zerschneidet.

Siehe ff. 209b-210a des Werkes (S4, TD03861).

[58] *Leer von jeder eigenen Natur:* Wiederum aus seinem Lob für Lord Buddha, für die klare Formulierung abhängigen Entstehens; siehe f. 13b (B12, S05275-15).

[172]

Keines davon
existiert aus eigener Kraft.
So können wir sagen,
Dass nichts aus sich selbst heraus existiert.[59]

[173]
Ich muss allerdings sagen, dass dieser Punkt sehr subtil und für jemanden wie mich, mit meiner begrenzten Intelligenz, nur schwer zu verstehen ist.[60]

Der Pfad der Gewöhnung

[174]
Hier kommt der dritte Teil: wie wir die Perfektion der Weisheit auf dem Pfad der Gewöhnung praktizieren. Die Erklärung besteht aus zwei Schritten: wie wir den Pfad der Gewöhnung praktizieren und wie wir durch diese Praxis Erleuchtung erlangen.

[175]

[C15]
Daher können wir sagen, Shariputra, dass es mit Leerheit keinen Körper gibt. Es gibt keine Gefühle. Es gibt keine Fähigkeit zur Unterscheidung. Es gibt keinen der anderen Faktoren, die dich ausmachen, und es gibt kein Bewusstsein. Es gibt keine Augen, keine Ohren, keine Nase, keine Zunge, keinen Körper, keinen Geist, nichts zu sehen, nichts zu hören, nichts zu riechen, nichts zu schmecken, nichts zu berühren und nichts zu denken.

[176]
Der erste wird hier im Sutra mit den Worten *„Daher können wir sagen, Shariputra [...]“* bis zu *„[...] nichts zu denken“* ausgedrückt.

[177]
Diese Zeilen weisen zunächst darauf hin, dass keine der zwölf Sinnestüren durch eine eigene Natur existiert.

[178]

[C16]
Es gibt keinen Teil von dir, der sieht. Es gibt keinen Teil von dir, der sich dessen bewusst ist, was er sieht, und das gilt bis hin zu dem Teil von dir, der denkt, und dem Teil von dir, der sich bewusst ist, dass er denkt.

[179]
Der Abschnitt, der von *„Es gibt keinen Teil von dir, der sieht"* bis *„es gibt keinen Teil von dir, der denkt"* reicht, beschreibt direkt, wie die sechs Kategorien, die die Grundlage der Wahrnehmung bilden – die Sinneskräfte – leer von jeder eigenen Natur sind. Der folgende Abschnitt des Sutras, bis zu *„bis hin zu dem Teil von dir, der sich bewusst ist, dass er denkt"*, beschreibt ebenfalls direkt, dass die sechs Kategorien, die auf dieser Grundlage beruhen – die verschiedenen Arten von Bewusstsein – auf diese Weise ebenfalls leer sind.

[180]
Durch die Kombination dieser beiden Gruppen wird impliziert, dass die sechs Kategorien, die als Objekte ihrer Wahrnehmung fungieren, ebenfalls leer von jeder Eigen-Natur sind. Wir können also sagen: Dieser gesamte Teil deutet darauf hin, dass die 18 Kategorien leer von jeder eigenen Natur sind.

[181]
Wir kehren zum Anfang dieses Abschnitts zurück, und hier wird *Shariputra* wieder mit seinem Namen angesprochen. *„Daher können wir sagen"* – aus den Gründen also, die wir gerade eben erklärt haben –, dass es bei den

[59] *Keines davon existiert aus eigener Kraft:* Siehe f. 16a (S1, TD03846).
[60] *Meine begrenzte Intelligenz:* Es gibt eine alte Tradition, in der geniale Denker solche Aussagen aus reiner Bescheidenheit treffen. Ganz offensichtlich hat Choney Lama alle diese Punkte perfekt verstanden.

Wahrnehmungen eines verwirklichten Wesens, das noch nicht erleuchtet ist, sich aber in der direkten Wahrnehmung der *Leerheit* befindet, *keinen Körper* oder keine physische Form *gibt,* die in diesen Wahrnehmungen in Erscheinung treten: ihrer Weisheit erscheinen, während sie in dem tiefen Zustand der Meditation verweilen.

[182]
Genau hier können wir gedanklich die Worte „und in gleicher Weise" hinzufügen und dann weitermachen mit: *„Es gibt keine Gefühle. Es gibt keine Fähigkeit zur Unterscheidung. Es gibt keinen der anderen Faktoren, die uns ausmachen, und es gibt kein Bewusstsein."* Dies zeigt dann an, dass die Diskrepanz in Bezug auf die fünf Teile einer Person an diesem Punkt verschwunden ist.[61]

[183]
Für die Wahrnehmungen dieser gleichen Person in der direkten Wahrnehmung der Leerheit gibt es auch keine Diskrepanz in Bezug auf die Sinnestüren: die Subjekte, die ihre Objekte wahrnehmen. So können wir sagen, dass *„es keine* Sinnestür der *Augen gibt, noch* die der *Ohren, noch* die der *Nase, noch* die der *Zunge, noch* den *Körper, noch* den *Geist."*

[184]
In gleicher Weise können wir sagen, dass es an diesem Punkt keine Diskrepanzen in Bezug auf die sechs Sinnestüren gibt, die die Objekte dieser Subjekt-Wahrnehmungen liefern. Das bedeutet, es gibt *nichts zu sehen, nichts zu hören, nichts zu riechen, nichts zu schmecken, nichts zu berühren und nichts zu denken.*

[185]
In ähnlicher Weise ist der Abschnitt, der von *„Es gibt keinen Teil von dir, der sieht"* bis zu *„der Teil von dir, der denkt"* reicht, eine Verkürzung. Was er aussagt, ist, dass die Diskrepanz auch in Bezug auf die sechs Kategorien der Sinneskräfte beendet wird, was die vier hier nicht direkt genannten Kategorien einschließen würde: die Sinneskräfte Ohr, Nase, Zunge und Körper.

[186]
Wenn das Sutra dann weitergeht mit *„bis zu [...] dem Teil von dir, der sich bewusst ist, dass er denkt"*, dann zeigt es an, dass die Diskrepanz auch in Bezug auf die Kategorie der sichtbaren Dinge und auf die Kategorien der Geräusche, Gerüche, Geschmäcker, greifbaren Dinge und Dinge, an die man denken kann, ein Ende findet. Das bedeutet also die sechs Kategorien, die als Objekte der Wahrnehmung dienen.

[187]
Schließlich sagt das Sutra, dass die Diskrepanz mit den sechs Kategorien, die die verschiedenen Arten des Bewusstseins ausmachen, ein Ende findet: mit den Kategorien des Bewusstseins dessen, was wir sehen, was wir hören, was wir riechen, schmecken, fühlen und denken.

[188]
Wir können diesen Abschnitt zunächst auf die Tatsache anwenden, dass die fünf Haufen, die zwölf Sinnestüren und die 18 Kategorien in den Wahrnehmungen einer Person, die sich in tiefer, direkter Meditation der Leerheit befindet, nicht vorhanden sind. Es ist so, als ob Wasser in Wasser gegossen würde.

[189]
Man kann das auch allgemeiner auf die Tatsache anwenden, dass keines dieser Objekte eine eigene Natur hat. Oder darauf, dass diese Objekte einer Analyse, die die ultimative Natur von etwas erforscht, nicht standhalten können. Oder aber auf die Tatsache, dass wir – wenn wir das Ding suchen, dem der Name gegeben wurde – nichts finden. Was wieder bedeutet, dass alle diese Anwendungen auf denselben wesentlichen Punkt hinauslaufen.

---

[61] *Die Diskrepanz ist verschwunden:* Der Punkt des tibetischen Ausdrucks hier, *gnyis-snang,* ist, dass es normalerweise eine Diskrepanz *(gnyis su snang-ba)* zwischen dem gibt, was wir zu sehen glauben, und dem, was tatsächlich da ist. Wenn wir Leerheit direkt sehen, lassen wir uns zum ersten Mal in unzähligen Leben nicht mehr auf diesen Widerspruch ein. Diesen Ausdruck wörtlich mit „Dualismus" zu übersetzen, verfehlt jedoch den Sinn.

[190]
Die spezielle Art der Existenz, die wir verneinen, ist an dieser Stelle im Sutra nicht direkt benannt. In den obigen Abschnitten haben wir jedoch die Aussage, dass die fünf Haufen leer von jeder eigenen Natur sind – das bedeutet, dass der Indikator „von jeder eigenen Natur" bereits direkt angewandt wurde –, und daher wissen wir, dass es das ist, was der Buddha auch hier im Sinn hat. Das wird auch durch die Erwähnung *„mit Leerheit […]"* verständlich.[63]

Die Leerheit der zwölf Glieder

[191]

> [C17]
> **Es gibt keine falsche Wahrnehmung deiner Welt. Es gibt keine Möglichkeit, diese falsche Wahrnehmung zu beenden. Dasselbe gilt auch für dein Alter und deinen Tod und die Beendigung deines Altwerdens und deines Todes.**

[192]
Dass die Diskrepanz für die Wahrnehmungen einer Person in dieser direkten Meditation zur Leerheit ein Ende gefunden hat, wird des Weiteren in Bezug auf die Kettenreaktion der Abhängigkeit angedeutet, sowohl in der Reihenfolge ihres Auftretens als auch in der Reihenfolge ihres Endes. Wir finden dies in der Formulierung von *„Es gibt keine falsche Wahrnehmung deiner Welt […]"* bis *„[…] die Beendigung deines Altwerdens und deines Todes"*.

[193]
Wenn das Sutra von *„(1) falscher Wahrnehmung […] Dasselbe gilt auch für"* spricht, stellt dies eine Verkürzung dar. Wenn gesagt wird *„Dasselbe gilt auch*

---

[62] *Von jeder eigenen Natur:* In der tibetischen Übersetzung, die wir verwenden, heißt es „von jeder eigenen Essenz", zu finden in Abschnitt C11.
[63] *Mit Leerheit:* Hier im Abschnitt C15.

für" (12) *dein Alter und deinen Tod,* dann sind dazwischen die anderen Glieder der Abhängigkeit gemeint, nämlich: (2) frisches Karma, (3) Bewusstsein, (4) Name & Form, (5) die Sinnestüren, (6) Kontakt, (7) Gefühle, (8) anfängliches Verlangen, (9) fortgeschrittenes Verlangen, (10) reifes Karma und (11) Geburt. Auf diese Weise werden alle zwölf Glieder der Kette, was die negative Seite der Dinge betrifft, abgedeckt.

[194]
Wenn es in den Zeilen heißt *„Dasselbe gilt auch für [...] die Beendigung deines Altwerdens und deines Todes"*, dann ist dies ein Hinweis auf das letzte Glied. Während das *„gilt auch"* ein Hinweis darauf ist, nicht nur das zu beenden, sondern auch die falsche Wahrnehmung und das frische Karma zu beenden, bis hin zum Beenden der Geburt und schließlich zum Beenden unseres Altwerdens und Todes. Was all dies letztlich sagt, ist, dass der Glaube an reale Dinge, sogar für alle zwölf Glieder der reinen Seite der Dinge, in den Wahrnehmungen einer Person in dieser direkten Meditation über Leerheit beendet wird.

Die Leerheit der vier Wahrheiten

[195]

> **[C18]**
> **Es gibt keinen Schmerz. Es gibt keine Ursache für diesen Schmerz. Es gibt keine Möglichkeit, diesen Schmerz zu beenden. Es gibt keinen Weg, diesen Schmerz zu beenden. Es gibt kein Wissen. Es gibt nichts zu erreichen. Und es gibt nichts nicht zu erreichen.**

[196]
Dann fährt das Sutra in der gleichen Weise fort: *„Es gibt keinen Schmerz. Es gibt keine Ursache für diesen Schmerz. Es gibt keine Möglichkeit, diesen Schmerz zu beenden. Es gibt keinen Weg, um diesen Schmerz zu beenden."* All dies bezieht sich auf den Glauben, dass Dinge real sind, so wie zum

Beispiel die vier höheren Wahrheiten[64]: die Wahrheit des *Schmerzes,* die Wahrheit der *Ursache des Schmerzes,* die *Wahrheit der Möglichkeit, den Schmerz zu beenden* und die Wahrheit, dass es einen *Weg gibt, diesen Schmerz zu beenden.* Dies drückt aus, dass dieser Glaube in den Wahrnehmungen dieser Person, die sich in der Meditation über die Leerheit befindet, *nicht* direkt *vorhanden ist.*

[197]
Wenn es heißt: *„Es gibt keinen Weg [...] Es gibt kein Wissen. Es gibt nichts zu erreichen. Und es gibt nichts nicht zu erreichen"*, dann will das Sutra damit sagen, dass – in der Wahrnehmung einer Person, die sich in direkter Leerheitsmeditation befindet – keine Diskrepanz zu den Subjekt-Geisteszuständen vorhanden ist: im Verhältnis zum *Weg*[65] oder zu diesem *Wissen* selbst.

[198]
Die folgenden Zeilen besagen, dass es *nichts* gibt, was *zu erreichen* ist, dass es aber auch gar *nichts „nicht zu erreichen"* gibt: Dies bezieht sich auf Dinge, die später noch zu erreichen sind, und auf Dinge, die zu erreichen unangebracht ist. Dies bezieht sich darauf, dass in der Wahrnehmung dieses

---

[64] *Vier höhere Wahrheiten:* Hier ist anzumerken, dass die Übersetzung des Sansksrit-Originals *chatur arya satya* als „vier edle Wahrheiten" ein grober Fehler ist. Das Wort, das in diesem Fall mit „edel" übersetzt wird, ist *Arya,* was eher darauf hinweisen soll, dass der Inhalt dieser Wahrheiten nur von einem *Arya* oder einer „verwirklichten Person" direkt wahrgenommen wird: von einer Person, die die direkte Wahrnehmung der ultimativen Realität erfahren hat. Die Tatsache dieser Wahrnehmung hebt eine solche Person sofort auf die nächste Stufe in der Evolution, auf einen *höheren* Seinszustand. Daher die „vier höheren Wahrheiten".

[65] *Im Verhältnis zum Weg:* Choney Lama verknüpfte den vorhergehenden Abschnitt über die vier Wahrheiten mit diesem Abschnitt – der mit Wissen beginnt –, denn in der buddhistischen Fachterminologie bedeutet das Wort für die ultimative Wahrheit („Pfad") einen Zustand des Wissens, und zwar speziell den, der mit Leerheit zu tun hat. Siehe z. B. f. 22b im ersten Band von Kedrup Tenpa Dargyes dialektischer Analyse des *Juwels der Erkenntnisse* (B15, S00001-1).

[66] *Rongtikpa legte aus:* „Rongtikpa" bedeutet wörtlich „Kommentator aus dem Rong-Gebiet Tibets" und ist eine Anspielung auf Rongtun („Lehrer aus Rong") Sheja Kunrik (1367–1449), einen Schriftsteller der Sakya-Linie Tibets, der viele Kommentare zu den buddhistischen Klassikern verfasste, darunter auch einen zum Herz-Sutra mit dem Titel *„Eine vollständige Erklärung der Bedeutung der Mutter" (Yum don rab-gsal),* der sich auf die Mutter-Sutras über die Perfektion der Weisheit bezieht. Der Hinweis hier findet sich auf f. 5a des Werkes (B21, BDRC W28942).

Meditierenden der Glaube an Dinge als real – wie er sich auf Dinge bezieht, die wir tun sollten, und auf Dinge, die wir aufgeben sollten, – wiederum beendet wird.

[199]
Wir sehen eine Reihe unterschiedlicher Methoden, die Bedeutung dieser letzten Teile zu erklären. Letztendlich widersprechen sie sich nicht wirklich, aber meiner Meinung nach ist es so, wie wir es in diesen Abschnitten gemacht haben, der richtige Weg.

[200]
Rongtikpa legte die Formulierung *„es gibt nichts nicht zu erreichen"* dahingehend aus, dass es, trügerisch gesprochen, etwas gibt, das man erreichen kann. Diese Interpretation scheint mir im vorliegenden Kontext jedoch nicht richtig.[66]

Eine Zusammenfassung dessen, was nie da war

[201]
Zusammenfassend sagt dieser Teil des Sutras also, dass alle falschen Konstruktionen der Diskrepanz, die man bei trügerischen Dingen wie physischer Form findet, in den Wahrnehmungen der Weisheit eines verwirklichten Wesens, das noch kein Buddha ist, sich aber in tiefer Meditation befindet und ultimative Realität direkt sieht, völlig beendet sind.

[202]
All dies ähnelt Punkten, die in anderen wichtigen Schriften gemacht werden. So zum Beispiel drückt es die *Kurze Präsentation über die Perfektion der Weisheit* aus:

> Jeder, der keine
> Physische Form mehr sieht,
> Der keine Gefühle
> mehr sieht,

Keine Fähigkeit
Zu diskriminieren sieht,
Keine Bewegung
des Geistes sieht,
Keine Wahrnehmung der Welt sieht,
Keinen Geist und keine Gedanken sieht,
Ist eine Person,
Von der die Wirklich Gegangenen
Sagen, dass sie das Dharma gesehen hat.[67]

[203]
Dort steht außerdem:

Ein Ort, der nie
durch irgendwelche Ursachen entstanden,
und frei von falschen Konstruktionen ist,
Das bedeutet es,
Diese höchste Perfektion zu praktizieren,
Weisheit.[68]

[204]
Das *Juwel der Erkenntnisse* sagt auch:

Wir sagen, es ist jenseits aller Gedanken,
Denn es kann Form und alles Übrige
nicht wahrnehmen.[69]

[205]
Und Arya Nagarjuna sagt in seinem *Grundlagen-Text zur Weisheit:*

An diejenigen, die lehren,
Dass Dinge in gegenseitiger

[67] *Der nicht mehr sieht:* Siehe ff. 198b-199a des Sutras (S21, KL00013).
[68] *Diese höchste Perfektion:* Siehe f. 191a desselben Sutras (S21, KL00013).
[69] *Es ist jenseits aller Gedanken:* Siehe f. 6a des Werkes (S15, TD03786).
[70] *Es gibt keinen Anfang:* Siehe f. 1b (S6, TD03824).
[71] *Es gibt nichts anderes zu denken:* Siehe f. 32a (S35, TD03871).

Abhängigkeit geschehen –
Wo es kein Ende gibt,
und keinen Anfang [...][70]

[206]
Und schließlich sagt auch Meister Shantideva in seinem *Leitfaden für die Lebensweise eines Bodhisattvas:*

Wenn weder Dinge
Noch Dinge, die keine Dinge sind,
Nicht länger im Geist
Verweilen können,
Erlangen wir die endgültige Gewissheit,
Dass es nichts zu sehen gibt:
Es gibt nichts anderes
Zu denken.[71]

[207]
Nun gibt es einen bestimmten Grund, warum die geistigen Bilder der physischen Form und so weiter – trügerische Dinge – der Weisheit eines verwirklichten Wesens, das sich in tiefer Meditation direkt auf die Leerheit befindet, nicht als etwas erscheinen können, das dieser Geisteszustand, der frei von allen irrigen Vorstellungen ist, sehen kann.

[208]
Der Punkt ist, dass dieser Geisteszustand – wenn er sich in der direkten Erkenntnis der Leerheit befindet – das, was er sieht, in einer Weise sieht, in der die Diskrepanz beendet ist. Wenn er sich irgendein Objekt, das zur trügerischen Realität gehört, ins Gedächtnis rufen würde, dann müsste er dies auf eine Weise tun, bei der die Diskrepanz noch vorhanden ist.

[209]
Dinge, die zur ultimativen Realität gehören, befinden sich in einem Zustand, in dem die Art und Weise, wie Dinge erscheinen, und die Art und Weise, wie sie tatsächlich existieren, miteinander übereinstimmen: Sie schließen alle falschen Konstruktionen von Dingen aus, die Leerheit negiert

– Dinge, die wirklich existieren könnten – und jedwede Diskrepanz zwischen Anschein und Wirklichkeit.

[210]
Allgemein gesprochen gibt es viele Formen, die diese „falschen Konstruktionen der Diskrepanz“ annehmen können: falsche Konzepte, die auf Worten basieren, oder, wenn Objekt und Subjekt voneinander getrennt zu sein scheinen, die Idee, dass Dinge wirklich existieren könnten, und der Anschein, dass sie es tun, oder Diskrepanz im Sinne von trügerischen Erscheinungen und so weiter. Wenn man weiß, was man tut, dann können alle diese auf fast jeden Kontext des Konzepts ohne jegliche Widersprüchlichkeit angewendet werden.

[211]
Was diese Idee von „dem, was wir verneinen“ angeht, gibt es viele Varianten: etwas, das durch einen bestimmten logischen Grund verneint wird, etwas, das durch die Beweisführung verneint wird, etwas, das durch die Praxis des Pfads verneint oder beendet wird – und so weiter.

[212]
Die ultimative Form dessen, was wir mit einem korrekten Grund verneinen, kann unterschiedlich ausgedrückt werden:

ein Ding, das durch eine eigene Natur existiert,
ein Ding, das per definitionem existiert,
ein Ding, das von seiner eigenen Seite her existiert,
ein Ding, das wirklich existiert,
ein Ding, das auf eine ultimative Weise existiert,
ein Ding, das durch seine Essenz existiert,
ein Ding, das aus eigener Kraft existiert.

Das sind alles verschiedene Ausdrücke, die hier im Sutra einwandfrei angewandt werden könnten, wo wir Ausdrücke wie „leer von jeder eigenen Natur“ oder „nichts, das durch eine eigene Natur existiert“ sehen. Es sind alles Synonyme.

Wie Praxis zur Erleuchtung führt

[213]
Hier kommt unser zweiter Punkt: wie wir Erleuchtung erreichen, indem wir diese Pfade praktizieren. Wir gehen in zwei Schritten vor, wobei der erste eine Feststellung ist, dass es sicher möglich ist.

[214]

> **[C19]**
> **Daher ist es so, Shariputra, dass Kriegerheilige nichts zu erreichen haben, und deshalb sind sie in der Lage, die Perfektion der Weisheit zu praktizieren und in dieser Perfektion der Weisheit zu verweilen.**

[215]
Diese Idee wird im Sutra ausgedrückt, wo es heißt: *„Daher ist es so, Shariputra, dass Kriegerheilige nichts zu erreichen haben, und deshalb sind sie in der Lage, die Perfektion der Weisheit zu praktizieren und in dieser Perfektion der Weisheit zu verweilen."*

[216]
Dies beginnt damit, dass Lord Buddha *Shariputra* ein weiteres Mal anspricht. Was das Sutra hier sagt, ist Folgendes:

> Da haben wir es. Mit den eben beendeten Abschnitten haben wir gezeigt, wie wir diese vier Pfade praktizieren können: das Paar der Pfade der Anhäufung und der Vorbereitung und das Paar der Pfade des Sehens und der Gewöhnung. Und wir haben überlegt, *warum* so etwas wie physische Form in der Wahrnehmung dieser Personen – dieser großen *Kriegerheiligen* – nicht vorhanden sein kann, während sie die Weisheit erfahren, also tief über Leerheit meditieren. Und so sind wir von der physischen Form bis zum letzten Teil über *„etwas zu erreichen* und etwas nicht zu erreichen" weitergegangen. Wir haben gelernt, warum es nichts im Universum gibt, das durch eine eigene Natur existiert.

[217]
Dies bedeutet, dass diese Art der direkten Erkenntnis, dass dies nicht existieren kann, die *Praxis der* tiefsten *Perfektion der Weisheit* darstellt. Und wenn wir die Lebensweise des Tiefgründigen *praktizieren und darin verweilen,* dann werden wir sicherlich in der Lage sein, die Ergebnisse zu erzielen, die das Sutra beschreiben wird.

[218]
All dies folgt einer der Möglichkeiten, diesen Absatz zu erklären. Aber man könnte es problemlos auch auf alles, was darunter steht – beginnend mit *befreit von Hindernissen im Geist* bis zu *darüber hinausgehend* – auf die Meditation über das Ende des Weges beziehen.[72] Meiner Meinung nach wäre es auch richtig, diesen Abschnitt als eine Zusammenfassung der Punkte zu betrachten, die davor gemacht wurden.

Wie es am Ende ist

[219]

> **[C20]**
> **Das befreit sie von jedem Hindernis in ihrem Geist, und das befreit sie von jeder Angst. Sie überwinden alle falschen Denkweisen und erreichen das ultimative Ende: Nirwana.**

[220]
Unser zweiter Schritt ist dann die konkrete Beschreibung, wie wir – am Ende – Erleuchtung erlangen. Dies wird in den Zeilen des Sutras vermittelt, die besagen: *„Das befreit sie von jedem Hindernis in ihrem Geist, und das befreit sie von jeder Angst. Sie überwinden alle falschen Denkweisen und erreichen Nirwana.“*[73]

[221]
Dieser Teil wird vom meisterhaften Lehrer Rongtikpa und von Gung-ru Gyeltsen Sangpo auf folgende Weise erklärt:

Wenn wir dieses Objekt, Leerheit, erkennen und uns dann an das, was wir erkannt haben, gewöhnen, dann haben wir in unserem Geist nicht mehr das Hindernis zu glauben, dass Dinge real sind. Deshalb haben wir dann auch keine Angst mehr vor diesem Ding – dieser Leerheit. Wir überwinden alle falschen Denkweisen – zum Beispiel den Glauben, dass Dinge real sind – und dann erreichen wir das ultimative Ende des Prozesses: Nirwana. Das bedeutet, dass wir den Zustand eines Buddhas erreichen.[74]

[222]
Jamyang Gaway Lodru vertritt die Meinung, dass es sich bei diesem speziellen Abschnitt um einen spontanen Anhang zu den bereits geäußerten Gedanken handele. Er erklärt, dass es Paare von Hindernissen gibt, die speziell auf der zehnten Bodhisattva-Ebene beendet werden, und dass dies in Etappen geschieht. Damit sind wir dann vom Schrecken der vier falschen Gedanken befreit und erlangen, wenn wir über diese Stufe hinausgehen, das Nirwana ohne Überbleibsel.[75]

[223]
Die „vier falschen Gedanken" sind hier so, wie wir sie im Allgemeinen auch anderswo erklärt sehen: das Quartett, Unreines als sein völliges Gegenteil, als

---

[72] *Meditation über das Endes des Weges:* Oft auch „der ununterbrochene Pfad am Ende des Weges" *(rgyun-mtha'i bar-chad med lam)* genannt. Dies ist ein technischer Begriff für unsere letzte Meditation, bei der wir Erleuchtung erlangen. Siehe z. B. f. 83b der meisterhaften Erklärung von Je Tsongakapas *Erleuchtung des wahren Gedankens* durch Gelong Sherab Wangpo (1500–1586) (B22, S00273).

[73] *Erreichen Nirwana:* Choney Lamas Version dieser Zeilen enthält nicht den Teil „ultimatives Ende", der in unserer Ausgabe des Original-Sutras zu finden ist, aber er erscheint in seiner Paraphrase unmittelbar darunter und er erklärt seine Auswahl im Anschluss daran.

[74] *Den Zustand eines Buddhas erreichen:* Wir haben uns oben mit Rongtikpas Werk beschäftigt. Gungru Gyeltsen Sangpo lebte 1383–1450 und war der dritte Abt des Klosters Sera. Wir konnten noch keinen Kommentar von ihm zum *Herz-Sutra* finden. Seine Kommentare könnten in anderen Werken enthalten sein, und deren Durchsuchung ist in Arbeit.

[75] *Nirwana ohne Überbleibsel:* Wird unterschiedlich erklärt, bedeutet aber im Grunde das „endgültige" Nirwana, in dem kein normaler Körper oder Geist zurückbleibt. Jamyang Gaway Lodru (1429–1503) studierte mit Lehrern von Gung-ru und diente als Abt des Klosters Drepung. Auch von ihm haben wir noch keinen *Herz-Sutra*-Kommentar gefunden, aber seine bekannten Werke werden in unsere ACIP-Datenbank aufgenommen, um nach diesem speziellen Kommentar zu suchen.

etwas Reines wahrzunehmen, das, was Leiden ist, als Vergnügen wahrzunehmen, das, was sich ständig verändert, als unveränderlich und das, was nicht es selbst sein kann, als es selbst zu sehen.

[224]
Meiner Meinung nach wäre es kein Problem, beiden Positionen zu folgen. Aber ich würde mich mit der ersten wohler fühlen.

[225]
Nun wird erklärt, dass die Annahme, dass etwas, das keine eigene Natur hat, eine solche Natur hat, ein „falscher Gedanke" ist. Man könnte daher auch sagen, dass der Glaube, dass Dinge eine Eigen-Natur haben (was man auch als den Glauben bezeichnen könnte, dass Dinge real sind), selbst ein falscher Gedanke ist. Aber nur, weil etwas als „falscher Gedanke" bezeichnet wird, bedeutet das nicht, dass alle vier falschen Gedanken involviert sind.

[226]
In einigen Versionen des Sutras heißt es „Nirwana erreichen", in anderen „das ultimative Ende im Nirwana erreichen". Die erste Lesart scheint mir passender zu sein. Wenn man es so versteht, dann könnte man sagen, dass es aussagt: „Nirwana auf der Ebene eines erleuchteten Wesens erreichen"– was bedeutet, dass man selbst den Zustand eines solchen Wesens erreicht.

[227]
Zugegebenermaßen verwenden Menschen im Allgemeinen den Ausdruck „ins Nirwana eingegangen", um die Tatsache auszudrücken, dass jemand gestorben ist. Aber hier im Sutra sprechen wir über das Wort *„Nirwana"* nicht in dieser ersten Weise, sondern eher in seiner anderen Bedeutung als spirituelle Befreiung, die im Tibetischen wörtlich als „Leidens-Überwindung" wiedergegeben wird, oder vollständig: „Überwindung jeder Form des Leidens". „Leiden" bezieht sich hier auf die beiden Wahrheiten des Schmerzes und der Ursache des Schmerzes. Das Überwinden dieses Leidens bezieht sich dann darauf, sich von diesen beiden zu befreien.

[228]
Trotzdem sollten wir anmerken: Obwohl es wahr ist, dass man, wenn man Nirwana erreicht hat, zwangsläufig alle negativen Emotionen beseitigt hat, würden wir nicht zustimmen, dass man dann zwangsläufig diese beiden beendet hat: die Wahrheit des Schmerzes und die Wahrheit der Ursache des Schmerzes.

Erleuchtung durch die Perfektion

[229]
Dies bringt uns zum vierten und letzten Teil unserer Diskussion über die Praxis der Pfade. Hier wird wieder erklärt, wie jedes einzelne erleuchtete Wesen – jedes dieser Wesen im Stadium des Nicht-Mehr-Lernens – seine Ziele erreicht hat, indem es sich auf eben diese Perfektion der Weisheit verlassen hat.

[230]

> **[C21]**
> **Alle erleuchteten Wesen der Vergangenheit, der Gegenwart und der Zukunft folgen auch dieser gleichen Perfektion der Weisheit und bringen sich so selbst zur vollkommenen Erleuchtung: zum unvergleichlichen Zustand eines vollkommen erleuchteten Buddhas.**

[231]
Dieser Abschnitt im Sutra beginnt mit *„Alle erleuchteten Wesen der Vergangenheit, der Gegenwart und der Zukunft [...]"* und geht bis *„[...] eines vollkommen erleuchteten Buddhas"*.

[232]
Die Rede ist hier von Personen, die in der Vergangenheit, der Gegenwart oder der Zukunft erleuchtet wurden oder werden, und bezieht sich auf die Zeit, in der wir uns gerade befinden. Es heißt, dass alle Buddhas, die in diesen Zeiten leben, ebenfalls eine Praxis der gleichen Perfektion der Weis-

heit verfolgen und sich so selbst zur vollkommenen Erleuchtung bringen: zum unvergleichlichen Zustand eines vollkommen erleuchteten Buddhas.

[233]
Das Wort *„auch"* soll ausdrücken, dass wir nicht nur über ein oder zwei erleuchtete Wesen sprechen.

[234]
„Aber was ist mit diesem Ausdruck", wirst du vielleicht fragen: „Wie können sie erleuchtet *worden sein* oder erleuchtet *werden?"* Aber das Problem ist keins, wir legen nur ihre Zeit im Verhältnis zu unserer fest.

[235]
Wenn wir hier von *„Perfektion der Weisheit"* sprechen, meinen wir übrigens nicht die Perfektion der Weisheit als Korpus physischer Lehren. Vielmehr geht es an dieser Stelle um die Perfektion der Weisheit in der Form des Wissens, in dem wir Leerheit wahrnehmen.

[236]
Diese Art der Darstellung sehen wir häufig in den umfangreicheren, mittellangen und verkürzten Darstellungen der Mutter-Sutras. Wie es die *Kurze Darstellung* ausdrückt:

> Der Pfad, der von
> Jedem siegreichen Buddha beschritten wird,
> Ob sie in der Vergangenheit leben,
> Oder in der Zukunft, oder jetzt
> In jeder Ecke des Universums,
> Ist genau diese Perfektion der Weisheit.
> Es gibt keinen anderen Weg.[76]

[237]
Wenn wir hoffen, Erleuchtung zu erlangen, müssen wir unbedingt Leerheit sehen. Nicht nur das: Um Befreiung auf einem der drei verschiedenen Wege[77] zu erlangen, müssen wir unbedingt Leerheit sehen. Das ist der Grund, warum die Art und Weise, wie wir Leerheit erkennen, als „eine Tür

zur Befreiung, zu der es keine zweite gibt" beschrieben wurde. Wir können uns auf das obige Zitat aus dem *König der Konzentration* beziehen. Der Verwirklichte, Nagarjuna, hat aber auch gesagt:

[238]

> Dies ist der eine Weg zur Freiheit,
> Der beschritten werden muss
> Von den Zuhörern, den selbstgemachten Buddhas
> Und von den Buddhas selbst.
> Es ist die reine Wahrheit,
> Dass es keinen anderen Weg gibt.[78]

[239]

In diesem Zusammenhang gibt es viele verschiedene Standpunkte. Manche sagen, dass die tatsächliche Perfektion der Weisheit der Weisheit im Geist einer Person auf dem Großen Weg entspricht, mit der sie Leerheit sieht. Andere beschreiben sie als die Weisheit im Geist derselben Person, mit der sie Leerheit direkt wahrnimmt, und es gibt noch andere Beschreibungen. Aber letztlich sagen sie alle dasselbe: Leerheit *muss* gesehen werden.

---

[76] *Es gibt keinen anderen Weg:* Siehe f. 206a des Sutras (S21, KL00013).

[77] *Drei verschiedene Wege:* Unsere spirituelle Entwicklung verläuft entlang der fünf Pfade, die auf den obigen Seiten beschrieben wurden. Es gibt drei Gruppen dieser fünf Pfade (insgesamt 15 Pfade), auf denen wir fortschreiten können.

Die ersten beiden Gruppen gehören zum unteren Weg, was bedeutet, dass uns die Motivation eines Bodhisattvas fehlt: der Wunsch, alle Lebewesen von allem Leid zu befreien. Die erste der beiden unteren Gruppen wird der „Weg der Zuhörer" genannt. Wir haben diesen Weg bereits erläutert (siehe Fußnote 28). Der nächsthöhere ist der Weg der „selbstgemachten Buddhas", was sich nicht auf vollständige Buddhas bezieht, sondern auf Praktizierende, die das Ziel eines niedrigeren Nirwana erreichen, nachdem sie in ihren früheren Leben von zahllosen Lehrern gelernt haben – ohne jedoch in diesem Leben einen direkten Lehrer zu benötigen.

Der höchste Weg ist dann natürlich der Hohe Weg der Bodhisattvas. Menschen auf den ersten beiden Wegen können Leerheit direkt sehen und nutzen sie, um das Nirwana ihres Weges zu erreichen. Um Buddhaschaft zu erlangen, müssen sie irgendwann den Bodhisattva-Weg gehen und müssen wiederum Leerheit direkt sehen. Das Thema der drei Wege ist eines der Hauptthemen des traditionellen umfangreichen Studiums von Lord Maitreyas *Juwel der Erkenntnisse* (S15, TD03786).

[78] *Es gibt keinen anderen Weg:* Siehe f. 76b seiner *Lobpreisung der Herrin der Perfektion der Weisheit* (S7, TD01127).

[240]
Im *Diamantschneider-Sutra* heißt es, dass alle Praktizierenden, von denen, die den Strom betreten haben,[79] bis hin zu denen, die Erleuchtung erlangt haben, diese Ziele erreichen, indem sie die Perfektion der Weisheit praktizieren. Wenn der Buddha diese Aussage dort macht, bezieht er sich auf die Weisheit, die Leerheit verwirklicht.[80]

[241]
Im Geist einer Person, die sich auf dem niederen Weg befindet, kann die Weisheit, die Leerheit verwirklicht, existieren. Sie stellt jedoch nicht die Perfektion der Weisheit dar. Das liegt daran, dass ihr Geist nicht von dem Wunsch nach Erleuchtung durchdrungen ist, wie wir ihn auf dem Großen Weg finden, und auch nicht von einer Intention, die ihre Bemühungen dem Erreichen der vollen und vollkommenen Form von Erleuchtung widmet. Wenn diese Weisheit jedoch durch dieses Paar – durch diesen Wunsch und diese Intention – durchdrungen wird, dann wird ihre Erkenntnis der Leerheit dadurch zur Perfektion der Weisheit. Das ist die Position, die wir einnehmen sollten.

[242]
Es wurde gesagt: Wenn die ersten fünf Perfektionen – Geben und die anderen[81] – *nicht* von der Perfektion der Weisheit in Form der Verwirklichung von Leerheit durchdrungen sind, dann sind sie wie eine blinde Person. Wenn sie davon durchdrungen *sind,* dann sind sie wie ein Anführer, der die Blinden führt, das heißt, sie sind wie eine Person mit Sehkraft.

[243]
So heißt es in der *Kurzen Darstellung der Perfektion der Weisheit:*

> Wenn Milliarden oder sogar Billionen von Menschen
> Blind sind und keinen haben, der sie führt,
> Werden sie nicht in der Lage sein, die Straße zu finden,
> Geschweige denn den Weg zu den Stadttoren.

Wenn die fünf Perfektionen keine Augen haben,
Weil sie keine Weisheit besitzen
Und keinen, der sie führt,
Dann wirst du niemals in der Lage sein, Erleuchtung zu erreichen.

Wenn aber irgendwann dein Geist von Weisheit
Durchdrungen ist, dann hast du deine Augen bekommen,
Und diese werden ihrem Namen dann wirklich gerecht.[82]

[244]

Der *Diamantschneider* sagt auch:

> So, Subhuti, ist es. Denke an das Beispiel einer Person, die Augen zum Sehen hat, aber im Dunkeln sitzt. Sie sieht überhaupt nichts. Wir sollten einen Bodhisattva, der in die Dinge hineingefallen ist und dann den Akt des Gebens praktiziert, als genau so eine Person betrachten.

[245]

> Und nun, Subhuti, denke an eine solche Person. Eine Person, die Augen hat, um zu sehen, wenn die Morgendämmerung anbricht und die Sonne am Himmel aufsteigt. Denke daran, wie sie dann eine ganze Reihe von verschiedenen Formen sieht. Einen Bodhisattva, der nicht in die Dinge hineingefallen ist und der dann den Akt des Gebens praktiziert, solltest du als eine solche Person sehen.[83]

---

[79] *Die den Strom betreten haben:* Das heißt, eine Person, die Leerheit direkt gesehen hat und somit ein Arya oder „verwirklichtes Wesen" geworden ist. Von diesem Punkt an setzt sich ihr stetiger Fortschritt in einem kraftvollen Fluss fort.

[80] *Weisheit, die Leerheit verwirklicht:* Bezieht sich hauptsächlich auf die Seiten 220a-220b des Sutras (S28, KL00016).

[81] *Die ersten fünf Perfektionen:* Zur Erinnerung: Geben, ethische Lebensführung, Vermeidung von Ärger, Freude daran haben, Gutes zu tun (freudvolles Tun) und Meditation. Weisheit ist natürlich die sechste.

[82] *Milliarden von Blinden:* Siehe f. 195b (S21, KL00013).

[83] *Wer Augen hat zu sehen:* Siehe f. 225b (S28, KL00016).

[246]
Meister Chandrakirti stimmt dem zu, wenn er sagt:

> Denke daran, wie eine einzelne Person mit Augenlicht
> Eine ganze Gruppe von blinden Menschen leicht
> An einen Ort führen kann, zu dem sie gerne gehen möchten.
>
> Genau so nimmt hier unsere Intelligenz
> Die guten Eigenschaften, die wir besitzen –
> Jene mit fehlerhaften Augen –, an,
> Und gemeinsam reisen sie
> Zu diesem einen Zustand,
> Dem Zustand, ein Sieger zu werden.[84]

[247]
Was bedeutet es hier, wenn es heißt „jemand, der in die Dinge hineingefallen ist"? Es bezieht sich auf jemanden, der Leerheit nicht erkannt hat, weil er durch die Tendenz zu glauben, dass Dinge real sind, gefangen ist. „Nicht in Dinge hineinfallen" beschreibt dann jemanden, der erkannt hat, dass Dinge nicht real sind. Wenn das Sutra „Geben" erwähnt, so gilt dies auch für die anderen vier Perfektionen – das Führen eines ethischen Lebens und so weiter.

---

[84] *Eine einzige Person mit Augenlicht:* Siehe f. 204a seines *Betreten des Mittleren Weges* (S4, TD03861).

[85] *Auf die andere Seite gegangen:* Choney Lama spielt mit den Sanskrit-Wortwurzeln, aus denen sich das Wort Mantra oder die „heiligen Worte" zusammensetzen. Wie Je Tsongkapa in seinem Kommentar zu den berühmten *Fünfzig Versen über Lamas,* die aus der Literatur der Geheimen Sammlung (Guhya Samaja) stammen, bemerkt, besteht das Wort *Mantra* aus zwei Teilen: *Man* bedeutet „Geist" und *tra* bedeutet „schützen". Letzteres stammt von der Sanskrit-Wortwurzel */trā,* was „retten" oder „schützen" bedeutet. Dies ist eine sekundäre Wurzel, deren primäre Form */tṛ* (ausgesprochen *tir*) ist, was „passieren" oder „überqueren" bedeutet. Auf diese Bedeutung von *tra* zielt Choney Lamas Wortspiel ab, denn die Perfektion der Weisheit (oder vielleicht besser gesagt, der *Perfektionierer* der Weisheit) ist buchstäblich etwas, das uns hilft, „hinüberzugehen" und so dem Ozean des Schmerzes zu entfliehen. Das Wort „Perfektion", oder paramita im ursprünglichen Sanskrit, bedeutet natürlich wörtlich „gegangen" *(ita)* „zur" *(-m)* „anderen Seite" *(para).* Zur Etymologie von Je Tsongkapa siehe *Ein Kommentar zu den fünfzig Versen über Lamas,* ff. 26a-26b (B14, S05269). Sein Verweis aus der Geheimen Sammlung findet sich auf ff. 526a-526b der *Letzten geheimen Lehre* (S20, KL00443). Wie immer werden die Wurzeln von Dwight Whitney in seinem Werk *The Roots, Verb-Forms, and Primary Derivatives of the Sanskrit Language* (E2, R00013) meisterhaft dargestellt, siehe S. 64 und 67.

Die Herrlichkeit des Mantras

[248]
Hier kommt unser zweiter großer Abschnitt in der Beantwortung von Shariputras Frage: eine Zusammenfassung der Anweisungen zum Praktizieren dieser Pfade in Form der Worte eines Mantras. Dieser Abschnitt besteht wieder aus zwei Teilen: der Beschreibung der Herrlichkeit des Mantras und der Erläuterung der Worte des Mantras.

[249]

> [C22]
> **Dies sind die heiligen Worte der Perfektion der Weisheit; die heiligen Worte des großartigen Wissens; die heiligen Worte des Unübertrefflichen; heilige Worte, die dem Einzigartigen ebenbürtig sind; heilige Worte, die jeder Form von Schmerz ein endgültiges Ende setzen; heilige Worte, von denen du wissen solltest, dass sie wahr sind, denn falsch können sie nicht sein ...**

[250]
Die erste dieser beiden findet sich in den Worten des Sutras von *„Dies sind die heiligen Worte der Perfektion der Weisheit [...]"* bis *„[...] falsch können sie nicht sein"*.

[251]
Die Perfektion der Weisheit ist die Grundlage, in der sich jeder siegreiche Buddha der Vergangenheit, Gegenwart und Zukunft geübt hat. Daher ist dieser Pfad das *Mantra der Perfektion der Weisheit:* Weisheit „auf die andere Seite gegangen".[85] Weil sie uns auf die andere Seite des Ozeans des Kreislaufs des Schmerzes *führt.*

[252]
Dies sind auch *heilige Worte des großartigen Wissens,* denn sie zerstören alle negativen Emotionen des *Un-Wissens* – der falschen Wahrnehmung – und so weiter. Es sind *heilige Worte des Unübertrefflichen,* denn es gibt keinen

höheren Weg als diesen, um Freiheit zu erlangen. Es sind *heilige Worte, die dem Einzigartigen ebenbürtig sind.*

[253]

Es sind auch *heilige Worte, die jeder Form von Schmerz ein endgültiges Ende setzen,* denn sie haben die Macht, sowohl allen Formen von Schmerz als auch allen Dingen, die ihn verursachen, ein Ende zu setzen. Und es sind *heilige Worte, von denen du wissen solltest, dass sie wahr sind, denn falsch können sie nicht sein.* Das liegt daran, dass die Art und Weise, wie die

---

86 *Berühren ihre Erleuchtung:* Siehe f. 193a (S21, KL00013). Hier ist der gesamte Abschnitt:

Die Perfektion der Weisheit
Der Siegreichen
Ist ein großartiges Mantra des Wissens.

Es hilft sogar Wesen,
Die keine Veranlagung haben,
Und beendet in ihnen
Allen Kummer, allen Schmerz.

All jene, die darüber hinaus gegangen sind –
Die Beschützer der Welten
In jeder Ecke des Universums –
Wurden zu Königen des Guten,
Indem sie diese heiligen Worte lernten.

Die Weisen, die ein Leben
In der Hoffnung führen, anderen zu helfen,
Die aus Mitgefühl gegenüber
Anderen handeln

Und die sich
In diesem Wissensmantra üben,
Erreichen und berühren
Ihre Erleuchtung.

87 *Vier Klassen des geheimen Wortes:* Dies sind vier traditionelle Unterteilungen der geheimen Lehren. Sie reichen von einer geheimen Praxis, bei der viel äußeres Ritual involviert ist, bis hin zu einer Praxis, die fast ausschließlich innerlich ist.

88 *Bodhi svaha:* Man beachte, dass die beiden Silben *svaha* manchmal, wie hier, zusammengeschrieben werden und manchmal getrennt, wie im Kommentar zu lesen ist. Die traditionelle Aussprache dieser Kombination ist, selbst unter Hindu-Weisen im modernen Indien, oft *so-ha.*

Perfektion der Weisheit die wahre Natur der Dinge sieht, vollkommen wahr ist: Sie führt uns niemals in die Irre, sie betrügt uns niemals.

[254]
In der *Kurzen Darstellung* findet sich in gleicher Weise die Aussage, die mit „Die Perfektion der Weisheit der Siegreichen ist ein großes Mantra des Wissens [...]" beginnt und mit „[...] jene Weisen, die sich in diesem Wissensmantra üben, erreichen und berühren ihre Erleuchtung" endet.[86]

[255]
Die Bedeutung des Begriffs „geheimes Mantra" oder „Mantra des Wissens" ist einfach „eine außergewöhnliche und unerwartete spirituelle Methode". Man könnte also sagen, dass die Perfektion der Weisheit in Wirklichkeit ein geheimes Mantra ist. Im Buddhismus wird zwischen offenen und geheimen Lehren unterschieden, aber dies ist kein „geheimes Mantra" in diesem Sinne.

[256]
Das Mantra hier im Sutra ist also ein Mantra der offenen Lehren. Es ist kein Mantra, das zu einer der vier großen Klassen des geheimen Wortes gehört[87] – es ist wichtig, diese Unterscheidung zu treffen.

Die Bedeutung des Mantras

[257]

> **[C23]**
> **... heilige Worte der Perfektion der Weisheit, die ich hier für dich spreche:**
>
> ***Tadyatha. Om ga-te, ga-te, paraga-te, parasanga-te, bodhi svaha.***[88]

[258]
Hier ist also der zweite Teil: die Erklärung der Worte des Mantras. Dies wird in der Zeile *„Heilige Worte der Perfektion der Weisheit, die ich hier für dich spreche"* ausgedrückt: *„Tadyatha. Om ga-te, ga-te, paragate, parasanga-te, bodhi sva ha."* [89]

[259]
Nach Ansicht der meisten Weisen bedeutet der Ausdruck *tadyatha* „es ist so" oder „wie ist es?". Der Silbe *om* werden traditionell sieben verschiedene Bedeutungen zugeschrieben, wie zum Beispiel „verheißungsvoll" und „Glück verleihen".[90]

[260]
Die Worte *ga-te, ga-te* bedeuten „geh, geh!". Wohin sollen wir denn gehen? Das erste *ga-te* bedeutet: „Gehe zum Pfad der Anhäufung!" Das zweite bedeutet: „Gehe zum Pfad der Vorbereitung!"

---

[89] *Die ich hier für dich spreche:* Die heilige Silbe *om* in der Version des Mantras in Choney Lamas Kommentar findet sich weder in dem uns zur Verfügung stehenden Sanskrit, noch in einer der Versionen des Sutras in der von uns verwendeten Kangyur-Ausgabe (der Lhasa-Ausgabe). Sie kann als traditionelle „Anfangssilbe" hinzugefügt werden, um darauf hinzuweisen, dass das Mantra zum Standard geworden ist.

[90] *Sieben verschiedene Bedeutungen von „om":* Die klassische Quelle für diese sieben ist ein Vers aus einem geheimen Buch der Lehren, bekannt als „Spitze des Diamanten" (siehe f. 341b von S27, KL00480). Er lautet wie folgt (die „Quelle des Reichtums" bedeutet übrigens „die Welt", und so wird dieser heilige Klang als das Kostbarste der Welt bezeichnet):

Nun werde ich dir
Die Bedeutung von *Om* erklären,
Das Herz der Quelle des Reichtums.

Es hat die Bedeutung „des Höchsten",
„Reichtum gewähren" und „Ruhm",
„Glück", „jemand, der Güte besitzt",
„eine Verpflichtung eingehen"
und „Verheißung".

[91] *Gehe freundvoll: Anmerkung der deutschen Übersetzer:* Im Englischen wird hier das Wort „sweetly" verwendet, und im Kontext erscheint uns „freudvoll" das beste deutsche Wort.

[92] *Gehe zur Erleuchtung eines Buddhas:* Die „Erleuchtung eines Zuhörers" oder eines selbstgemachten Buddhas ist keine vollständige Erleuchtung. Sie ist nur ein Hinweis auf das niedere Nirwana, das dauerhafte Ende negativer Emotionen, noch nicht vereint mit Allwissenheit. Die dritte Erleuchtung, von der hier die Rede ist, ist die vollständige Erleuchtung des Großen Weges.

[261]
Das *para* in *paraga-te* bedeutet „andere Seite" – daher bedeutet dieses Wort: „Gehe auf die andere Seite, jenseits dieser beiden: Gehe zum Pfad des Sehens!" *Parasanga-te* bedeutet dann: „Gehe noch weiter: Gehe freudvoll zum Pfad der Gewöhnung!" Das heißt, die Vorsilbe *san-* ist hier mit „freudvoll" zu übersetzen.[91]

[262]
Die Formulierung *bodhi sva ha* bedeutet „in der Erleuchtung bestätigt werden". Hier bedeutet er jedoch Folgendes: „Geh! Gehe zur großartigen Erleuchtung, zum Zustand eines Buddhas!"

[263]
Früher zitierten einige Tibeter eine Passage, die besagt: „Was wir akzeptieren, ist, dass die ersten beiden Erwähnungen von *ga-te* bedeuten: *Gehe zur Erleuchtung der Zuhörer! Paraga-te* bedeutet dann: *Gehe zur Erleuchtung der selbstgemachten Buddhas!* Schließlich bedeutet parasanga-te: *Gehe zur Erleuchtung eines Buddhas!*"[92] Dann machten sie dies zu ihrer eigenen Position.

Praktiziere!

[264]

> [C24]
> **Daher ist es so, Shariputra, dass große Kriegerheilige die tiefgründige Perfektion der Weisheit praktizieren müssen.**

[265]
Damit sind wir bei unserem dritten großen Abschnitt der Antwort angelangt, den zusammenfassenden Ratschlägen, dass wir praktizieren sollten. Dieser findet sich im nächsten Teil des Sutras, wo es heißt: „*Daher ist es so, Shariputra, dass große Kriegerheilige die tiefgründige Perfektion der Weisheit praktizieren müssen.*"

[266]
Shariputra wird wieder mit seinem Namen angesprochen und nun darauf hingewiesen, dass es für ihn äußerst wichtig ist, diese Dinge in die Praxis umzusetzen: „Du solltest diese Perfektion der Weisheit praktizieren, so wie es die großen Kriegerheiligen, von denen wir im Sutra bislang gesprochen haben, getan haben."

Das Freudenfest

[267]

> **[C25]**
> **Damit verließ der Eroberer seinen tiefen Zustand der Meditation. Er wandte sich an den großen Krieger, an den Verwirklichten, Liebende Augen, den Herrn der Macht, und segnete seine Worte mit den Worten: „Wahrhaftig." „Wahrhaftig", sagte er, und wieder „Wahrhaftig".**

[268]
Dies bringt uns zum vierten und letzten Abschnitt der Antwort: dem Freudenfest. Dies wird in dem Abschnitt vorgestellt, der mit *„Damit verließ der Eroberer seinen tiefen Zustand der Meditation"* beginnt und bis zum Ende des Sutras fortgesetzt wird.

[269]
Als Liebende Augen die beschriebene Unterweisung *(„Damit")* beendet hatte, tat der *Eroberer* so, als ob er *seinen tiefen Zustand der Meditation* – dieses „Gewahrsein des Tiefgründigen" – *verlassen* würde.

[270]
Und *er wandte sich an den* und *sprach zu dem großen Krieger, dem Verwirklichten, Liebende Augen, dem Herrn der Macht, und segnete seine Worte mit den Worten:*

> Was du gelehrt hast, hast du gut gelehrt, und so sage ich: *„Wahrhaftig"*.

[271]
Wenn Lord Buddha dann noch zwei weitere Male *„Wahrhaftig"* wiederholt, soll dieser Zusatz darauf hinweisen, dass sein heiliges Herz von dieser besonders ausgezeichneten Lehre erfreut ist. Auch deshalb, weil er möchte, dass andere wissen, dass sie ihr Vertrauen in diese Lehre setzen können.

[272]

> **[C26]**
> **Es ist so, oh Sohn einer noblen Familie, und so ist es. Man sollte der tiefgründigen Perfektion der Weisheit folgen, so wie du sie gelehrt hast. Jeder Wirklich Gegangene erfreut sich an deinen Worten, so wie ich es tue.**

[273]
Nun fährt Lord Buddha fort mit: *„Es ist so und so ist es."* Der Grund, warum er sich hier wiederholt, ist, dass er dieser Lehre sein Gütesiegel geben will, um zu sagen, dass sie die Dinge so ausdrückt, wie sie wirklich sind, und dass sie mit seinen Lehren übereinstimmt. Auch dies soll das Vertrauen der versammelten Schüler in die Worte von Liebende Augen bestärken.

[274]
Dann sagt Lord Buddha: „Man" – und damit meint er: all ihr Kriegerheilige – *„sollte der tiefgründigen Perfektion der Weisheit folgen, so* wie es Liebende Augen *hier gelehrt hat."*

[275]
Und dann: „Ich freue mich über das, was du hier gelehrt hast, aber du solltest wissen, dass nicht nur ich mich freue. *Jeder Wirklich Gegangene* in jedem Winkel des Universums, *freut sich ebenso wie ich über deine Worte:* Du hast ihre Herzen wahrlich erfreut."

[276]

> **[C27]**
> **Als der Eroberer dies gesprochen hatte, freute sich der Juniormönch Shariputra, und der Krieger, der Verwirklichte, Liebende Augen, der**

Herr der Macht, freute sich ebenfalls. Und alle versammelten Schüler freuten sich, und so freute sich die ganze Welt mit ihren Göttern, Menschen, Beinahe-Göttern und auch den Geistern. Alle sangen ihr Loblied auf das, was der Eroberer gesprochen hatte.

[277]
Als der Eroberer dies gesprochen hatte, freute sich der Juniormönch Shariputra, und der Krieger, der Verwirklichte, Liebende Augen, der Herr der Macht, freute sich ebenfalls. Und darüber hinaus *freuten sich alle versammelten Schüler,* also alle, die an diesem Ort versammelt waren – die Kriegerheiligen und die Zuhörer. *Und so freute sich die ganze Welt – mit ihren Göttern, Menschen, Beinahe-Göttern und auch den Geistern. Alle sangen ihr Loblied auf* diese Worte, die *der Eroberer gesprochen hatte.*

[278]
Dies ist eine letzte Zusammenfassung, um zu zeigen, dass das Sutra etwas ist, an das wir glauben können, und um dessen Inhalt zu loben.

[279]
In einigen Ausgaben des Sutras steht *Sharadvatiputra* statt *Shariputra.* Wenn der Name auf diese Weise erscheint, hat er die Bedeutung von „Sohn der Frau, die den Herbst hat“: *Sharad* bedeutet *Herbst* und *vati* bedeutet *haben.*[93]

[280]
Man kann sich nun folgende Frage stellen:

> Wenn der Text eine Erklärung von Liebende Augen ist, wie können wir dann sagen, dass diese Lehre die Worte des Buddhas sind?

[281]
Es gibt allgemein drei verschiedene Arten von Worten des Buddhas: das, was tatsächlich von seinen heiligen Lippen gesprochen wird, das, was durch seinen Segen gesprochen wird, und das, was mit seiner Erlaubnis gesprochen wird. Alle drei Arten sind im vorliegenden Sutra zu finden.

[282]
Der Anfangsteil, in dem die Situation beschrieben wird, sowie der Schlussteil – *„als der Eroberer dies gesprochen hatte"* und so weiter – stellen das Wort des Buddhas dar, das mit seiner Erlaubnis gesprochen wird. Shariputras Frage und die von Liebende Augen gegebene Antwort sind das Wort des Buddhas, das durch seinen Segen gesprochen wird. Schließlich sind die Teile, in denen der Buddha selbst *„Wahrhaftig"* sagt und dann seine Freude zum Ausdruck bringt, sein Wort, das tatsächlich von seinen heiligen Lippen kommt.

[283]
Etwas kann das Wort eines Buddha sein, muss aber nicht unbedingt von seinen oder ihren heiligen Lippen gesprochen werden. Die geheimen Lehren des Weißen Parasols zum Beispiel kamen aus der Krone seines Kopfes. Nicht nur das, alle Körperteile eines Buddhas haben die Fähigkeit, Lehren zu gewähren: Die Unterweisung kann vom heiligen Haar auf der Stirn, von der Vorderseite der Kehle, von den Ohren und sogar vom Anus oder anderen Stellen ausgehen. Die Lehren des Buddhas können sogar vom Klang der Bäume im Wald kommen, die im Wind wehen.

[284]
Es ist genau so, wie der Lord es in seinem *Ozean der Wolken der Lobpreisung* sagt:

> Die Lehren fließen
> Aus jedem Teil Deines heiligen Körpers:
> Von der Krone, dem heiligen Haar,
> Von der Vorderseite der Kehle,
> Und dem ganzen Rest.[94]

---

[93] *Sohn der Frau:* Siehe auch Fußnote 37.

[94] *Die Lehren fließen:* Siehe f. 30b der Lobrede von Je Tsongkapa (B11, S05275-33).

Die abschließenden Worte

[285]

[C28]

Dies beendet das Sutra des Großen Weges, bekannt als die *Herrin der Eroberung, das Herz der Perfektion der Weisheit.*

[286]

Das bringt uns zum dritten und letzten Abschnitt unserer Präsentation des Hauptteils des vorliegenden Kommentars: der Bedeutung des Schlusses des Sutras. Diese ist in den letzten Worten enthalten: *„Dies beendet die Herrin der Eroberung, das Herz der Perfektion der Weisheit.“*[95]

[287]

Im Allgemeinen bezieht sich das Wort „Eroberer“ auf den Buddha, aber in diesem Fall bezieht es sich auf die Perfektion der Weisheit. Das Wort *Herrin* steht hier für Leerheit: die Tatsache, dass nichts von sich aus beginnt. In diesem Fall bedeutet es auch „Mutter“.

[288]

Wenn von der „Mutter der siegreichen Buddhas“ die Rede ist, geht es darum, dass die Sieger geboren werden, wenn sie die Perfektion der Weisheit in die Praxis umsetzen. Es ist keine Bezeichnung einer Frau als „Ehefrau“.[96]

[289]

Was das *„Herz der Perfektion der Weisheit“* betrifft, so habe ich oben bereits die Bedeutung des Begriffs „Perfektion der Weisheit“ erklärt. Was das Wort *„Herz“* angeht, so sollten wir es so verstehen, dass dieses Sutra das Herzstück oder die Essenz der Bedeutung all der vielen Sutras über die Perfektion der Weisheit ist, die wir in der Welt sehen: der umfangreicheren Darstellungen, der mittellangen und der kurzen.

[290]
Es war die Tradition einiger Hüter des Wortes[97] zu lehren, ein Bildnis der Großen Mutter zu formen und dann darüber zu meditieren, während das Mantra rezitiert wird. Diese Praxis bedarf einer Untersuchung hinsichtlich ihrer Authentizität. Der Brauch, eine Einweihung in diese Praxis zu gewähren, wurde wohl eher von deren Anhängern erfunden.

[291]
Das *Herz-Sutra* wird manchmal laut rezitiert, um negative Kräfte abzuwehren. Die Praxis, am Ende dieser Rezitation einen Akt der Wahrheit zu verkünden, ist ziemlich weit verbreitet. Wenn man an dieser Stelle in die Hände klatscht, ist das einfach ein Bestandteil des Aktes der Wahrheit. Wir haben diese Punkte bereits untersucht.[98]

Seile & Schlangen

[292]
Der dritte Schritt, den wir zu Beginn dieses Kommentars versprochen haben, war eine kurze Erklärung, wie man diese tiefste Idee – die Leerheit – mit logischer Beweisführung etablieren kann, und nun sind wir bei diesem letzten Abschnitt angekommen.[99]

---

[95] *Herz der Perfektion der Weisheit:* Choney Lamas letzte Zeile enthält nicht die Worte *„Sutra des Großen Weges"*.

[96] *Eine Frau als „Ehefrau"* bezeichnen: Das tibetische Wort für „Mutter" ist hier *yum*, was auch der Ehrentitel für „Frau" sein kann.

[97] *Hüter des Wortes:* Auf Tibetisch *Kadampa,* was sich hier auf die Schule der frühen tibetischen Buddhisten bezieht, die sich in Tibet nach der Ankunft des großen indischen Weisen Lord Atisha (geb. 982 n. Chr.) entwickelte. Ihr Name wird auf Tibetisch traditionell als *bka' gdams-par zhar-ba* erklärt: „Diejenigen, für die alles, was der Buddha jemals gesagt hat *(ka),* wie ein persönlicher Rat *(dampa)* für ihr eigenes Leben wirkte." Siehe z. B. f. 2a der Geschichte der Schule von dem großen Gungtang Konchok Tenpay Drunme (1762–1823) (B2, S00960).

[98] *Wurde bereits untersucht:* Siehe Abschnitt 28 oben.

[99] *Dieser letzte Abschnitt:* Gelehrte mögen bitte beachten, dass die Seitennummerierung unseres Backup-Scans des Textes von BDRC (Bibliografie-Eintrag B4, W1PD90129) in diesem Bereich durcheinander ist – bitte nicht verwirren lassen!

[293]
Ich werde mich hier auf die Position der höchsten Schule stützen: der Konsequenz-Schule.[100] Nun gibt es viele verschiedene und gleichwertige Arten der Argumentation, die man hier verwenden könnte, aber wenn wir verstehen, wie alles in der Welt durch nichts anderes als einen Prozess des Auferlegens von Konzepten auf Dinge zustande kommt, dann begreifen wir ganz leicht, dass diese Dinge durch keine eigene Natur existieren können.

[294]
Wie funktioniert die Projektion? Stellen wir uns zum Beispiel ein Stück Seil vor, das ein kariertes Muster hat und so aufgerollt ist, dass sein Umriss dem einer Schlange ähnelt. Wenn wir das Seil in einem schlecht beleuchteten Bereich sehen, können wir zu der irrigen Annahme gelangen: „Oh, das ist eine Schlange!"

[295]
In diesem speziellen Moment gibt es überhaupt nichts an der Farbe oder der Form dieses Objekts – oder an seinen Teilen oder seinem Ganzen oder seinem zeitlichen Verlauf –, was man als „Schlange" bezeichnen könnte. Es ist also völlig klar, dass der Anschein, dass dieses Seil eine Schlange ist, einfach ein Konzept ist, das ihm auferlegt wurde.

[296]
Das Gleiche geschieht, wenn wir unseren Körper und unseren Geist betrachten – die Haufen, die uns ausmachen – und der Gedanke in unserem Kopf auftaucht: „Das bin ich!" Es gibt nichts an der Farbe dieser Haufen oder an ihrer Form oder an den aufeinanderfolgenden Momenten ihrer Bewegung oder an den verschiedenen Komponenten oder an ihren verschiedenen Teilen oder an dem kombinierten Konstrukt früherer und späterer Versionen oder an ihrem Sein selbst oder an irgendetwas anderem, das wir als „ich" bezeichnen könnten. Das wäre unlogisch!

[297]
Und das ist noch nicht alles! Wir könnten auch all die anderen Dinge in der Welt betrachten, die nichts mit unserem Körper oder Geist zu tun haben. Keines von ihnen könnte legitimerweise als das betrachtet werden, was wir „ich" nennen.

[298]
Aber wenn wir nicht zu tief in die Materie eindringen, können wir zugegebenermaßen sagen, dass wir diese Dinge „ich" nennen. Wenn wir jedoch unsere Logik einsetzen, um herauszufinden, was es ist, das wir als „ich" bezeichnen, werden wir nicht das Geringste finden. Erst dann kann man erkennen, dass das „ich" nur eine Erschaffung von Konzepten ist.

[299]
Auch der physische Teil von uns – unser Körper – ist nur etwas, das wir auf Grundlage der Kombination des Kopfes und der anderen vier Bestandteile etablieren.[101] Es ist nicht so, dass jeder dieser Bestandteile für sich genommen den gesamten Körper ausmacht. Es gibt auch keinen Gesamtkörper, der sich irgendwie von diesen Teilen unterscheidet und nichts mit ihnen zu tun hat.

[300]
Wir können die gleiche Logik auf die anderen vier Teile einer Person anwenden: ihre Gefühle und so weiter. Diese Erklärung von „mir" und

---

[100] *Konsequenz-Schule:* Die höhere der beiden Abteilungen der Schule des Mittleren Weges, eine der vier großen buddhistischen Schulen des alten Indiens. Dies ist die höchste Interpretation der Leerheit, der Lord Buddha selbst sowohl in seinen offenen als auch in seinen geheimen Lehren folgte. Das Wort „Konsequenz" bezieht sich hier auf die Überzeugung der Mitglieder dieser Schule, dass eine logische Erklärung, die eine absurde Konsequenz der Position eines Gegners über die Natur der Realität aufzeigt, ausreicht, um sie zum Verständnis der korrekten Bedeutung der Leerheit zu führen. Siehe z. B. die großartige Erklärung des Namens durch Je Tsongkapas brillanten Schüler, Kedrup Je (1385–1438), auf ff. 32b-33a seines außergewöhnlichen *Interludium über die Leerheit* (B3, S05459).

[101] *Der Kopf und die anderen vier Bestandteile:* Eine traditionelle Auflistung der Teile des physischen Körpers: die Viertel des Rumpfes einschließlich der beiden Arme, die mit ihnen verbunden sind, dasselbe gilt dann auch für die beiden Beine, und dann der Kopf. Siehe Jamyang Shepay Dorjes Kommentar zum *Schatzhaus des höheren Wissens,* Teil 3, f. 22b (B9, S19100-3).

meinen Teilen ist auf die gleiche Weise auf alles andere um uns herum anzuwenden: auf Dinge wie Wasserkrüge auf unseren Tischen, Säulen, die das Haus tragen, das Haus selbst und alle anderen Gegenstände im Haus.[102]

[301]
Das heißt, weder die Teile der Krüge oder Säulen noch ihre Gesamtheit oder ähnliches können als das angesehen werden, was wir diese Gegenstände nennen. Es gibt auch nichts, das sich von ihnen unterscheidet und nicht mit ihnen zusammenhängt, das als das angesehen werden kann, was wir diese Dinge nennen – der Sachverhalt ist bei all diesen Dingen genau derselbe.

[302]
Wir sollten festhalten, dass es eine falsche Wahrnehmung ist, wenn wir ein Stück Seil als Schlange wahrnehmen. Wenn wir aber Dinge als eine Person oder ihre Teile oder eine Säule oder einen Krug oder was auch immer wahrnehmen, dann ist die nominelle Wahrnehmung in diesen Fällen eine korrekte, wenn wir nicht zu sehr in die Tiefe gehen. Auf diesen Unterschied werden wir später noch ein wenig näher eingehen.

[303]
Die Logik, die wir hier dargelegt haben, besagt, dass alles im Universum nichts anderes ist als ein Ergebnis unserer Konzeptualisierung. Wenn wir davon ausgehen, dass etwas in anderer Weise existiert – wenn wir annehmen, dass es kein Ergebnis unserer Konzepte ist, sondern etwas, das aus eigener Kraft existieren kann –, dann nennen wir das „glauben, dass etwas real oder wahr ist". Wenn Dinge tatsächlich so existierten, wie dieser Geisteszustand es glaubt, dann müssten das Dinge sein, die durch eine eigene Natur oder in Wahrheit oder so wie in den anderen Formulierungen existieren, die wir oben verwendet haben.

---

[102] *Alle anderen Gegenstände:* Der Absatz hier ist korrekt, aber es gibt einige kleine Details der tibetischen Schreibweise, die in allen uns zur Verfügung stehenden Ausgaben unklar sind. Einige geringfügige Anpassungen könnten notwendig sein, wenn ein besserer Holzschnitt gefunden wird.
[103] *Niemals in seiner Essenz:* Siehe ff. 109b-110a seines berühmten Briefes (S10, TD04158).

Keine Teile, kein Ganzes

[304]
Die Logik, die wir verwenden, um das zu widerlegen, was Leerheit hier verneint, wird von unserem Beschützer Nagarjuna in seinen *Grundlegenden Versen zur Weisheit* sehr ausführlich beschrieben. In seiner *Kette der kostbaren Juwelen* sagt er auch Folgendes:

[305]

Eine Person ist nicht Erde,
Sie ist auch nicht Wasser, nicht Feuer
Oder Wind oder Raum
Oder Bewusstsein.

Nachdem die Person
Nichts von alledem ist,
Wie kann sie dann
Etwas anderes sein?

Eine Person ist eine Zusammensetzung
Aus sechs verschiedenen Elementen
Und kann daher nicht
In ihrer Essenz existieren.

Jedes dieser Elemente
Ist seinerseits eine Zusammensetzung
Und könnte somit auch niemals
In seiner Essenz existieren.[103]

[306]
Der Punkt hier ist, dass „ich" nur ein Konzept ist, das auf die Teile der Person projiziert wird. Es gibt kein „ich", das von sich aus existiert. Wenn hier von „der Person" die Rede ist, so ist damit „ich" oder das Individuum gemeint.

[307]
Die Formulierung von „nicht Erde“ bis „oder Bewusstsein“ soll die Vorstellung widerlegen, dass die Elemente der Erde und so weiter innerhalb der Person – die sechs Elemente, die die Teile einer Person sind[104] –, jedes für sich das sein könnten, was wir als die Person betrachten. Wenn es dann heißt: „Die Person ist nichts von alledem“, dann soll damit verneint werden, dass auch die Zusammensetzung der sechs Elemente das sein könnte, was wir als Person betrachten.

[308]
Wenn es heißt: „Wie kann sie etwas anderes sein“, soll das verneinen, dass die Person etwas anderes sein könnte, das mit diesen Elementen nichts zu tun hat.

[309]
„Die Person ist eine Zusammensetzung aus sechs verschiedenen Elementen“, soll darauf hinweisen, dass „ich“ eine Idee ist, die auf den sechs Elementen beruht. Aus eben diesem Grund kann die Person – oder „ich“ – nicht etwas sein, das durch eine eigene Natur existiert. Das ist der Sinn der Formulierung „kann daher nicht in ihrer Essenz existieren“.

[310]
Wie wir in diesem Beispiel gesehen haben, gilt dies auch für jedes der Elemente für sich genommen: Jedes einzelne Element wird auf der Grundlage der Zusammensetzung seiner eigenen Teile ermittelt. Als solche können sie selbst nicht „in ihrer Essenz“ oder „in Wahrheit“ existieren. Das ist die Botschaft der Zeilen:

> Und jedes dieser Elemente
> Ist seinerseits eine Zusammensetzung
> Und könnte deshalb auch niemals
> In seiner Essenz existieren.

[311]
Weisheit formuliert es so:

> Wenn die Teile einer Person
> Eine Eigen-Natur hätten,

Dann müsste diese Natur
Kommen und gehen.

Und wenn die Person
Etwas anderes wäre
Als die Teile einer Person,
Dann könnte sie nicht durch ihre Teile
Charakterisiert werden.[105]

[312]
Mit diesen Zeilen soll verneint werden, dass das „ich" und die Teile der Person entweder ein und dasselbe sein könnten oder getrennte, nicht miteinander verbundene Dinge. Der *Leitfaden für die Lebensweise eines Bodhisattvas* sagt das Gleiche.[106]

Lernen, Leerheit anzuwenden

[313]
Wir müssen die gleiche Logik auf andere Dinge anwenden, wie zum Beispiel auf Säulen und Krüge. Wie es der *König der Konzentration* ausdrückt:

Nimm diese Idee von dir
Und wende dasselbe Denken
Auf alles andere an.[107]

---

[104] *Die sechs Elemente:* In der Antike dachte man, der Mensch sei aus sechs verschiedenen Elementen zusammengesetzt, die die elementaren Energien beschreiben, aus denen das physische Universum besteht. „Erde" z. B. bezog sich nicht auf Schmutzpartikel, sondern auf Festigkeit, während „Wind" sich nicht auf das bezog, was die Äste von Bäumen bewegt, sondern auf die Kraft der Beweglichkeit. Alles in allem ein ausgeklügelteres System, als wir ihm oft zugestehen. Siehe die klassische Beschreibung der Elemente auf f. 5b der *Gesammelten Themen zur Logik* von Ngawang Tashi (B5, S25009).

[105] *Kommen und gehen:* Siehe f. 10b des Werkes (S6, TD03824).

[106] *Sagt das Gleiche:* Siehe z. B. f. 33a des Werkes (S35, TD03871).

[107] *Wende dasselbe Denken an:* Siehe f. 71a des Sutras (S33, KL00127). Die Version, die uns in der Lhasa-Ausgabe des Kangyur vorliegt, ist eine andere Übersetzung des Originals, aber mit der gleichen Bedeutung: *,ji-ltar bdag gi ,du-shes rig ,de-bzhin kun tu blo yang gtong,.*

[314]
Auch in der *Kurzen Präsentation* heißt es:

Verstehe jedes Lebewesen
Auf dieselbe Weise, wie du dich selbst verstehst.
Verstehe jedes existierende Ding
Auf dieselbe Weise, wie du Lebewesen verstehst.

Wenn du dir nicht mehr vorstellst,
Dass Dinge nicht beginnen können oder dass sie es können,
Dann lebst du das Leben
Dieser höchsten Perfektion der Weisheit.[108]

[315]
Gehen wir den Prozess der Anwendung all dessen am Beispiel eines Wasserkruges durch, nur um es zu verdeutlichen. Wenn wir entscheiden, dass etwas ein Wasserkrug ist, dann wird das alles mit Hilfe von Begriffen festgelegt, wir können auch sagen: mit Konzepten.

[316]
Zunächst einmal müssen wir anerkennen, dass es den Wasserkrug wirklich gibt. Wenn jemand diesen Begriff „Wasserkrug" sagt, dann folgen unsere Gedanken diesem Ding – das nichts anderes als ein Name ist. Ein Gedanke taucht in unserem Geist auf, der sagt: „Oh, dieses Ding mit dem runden Körper ist ein Wasserkrug" – und dann sehen wir einen Wasserkrug.

[317]
Dann machen wir mit dem Krug die Dinge, für die wir ihn brauchen. Daher können wir sagen, dass die Objekte in der trügerischen Wirklichkeit immer noch unfehlbar funktionieren. Das bedeutet, die gesamte Struktur, wie Dinge Dinge tun, ist völlig korrekt und gültig.

---

[108] *Verstehe jedes existierende Ding:* Siehe f. 191a des Sutras (S21, KL00013).

[109] *Nichts weiter als ein Name:* Siehe z. B. f. 102a von Teil 1 der *Perfektion der Weisheit in 100.000 Zeilen* (S29, KL00008-1).

[110] *Sind nur Namen:* Siehe f. 202b; die Erklärung lautet „von den siegreichen Buddhas" (S21, KL00013).

[318]
Aber nehmen wir an, dass wir uns damit nicht zufriedengeben und die Mündung des Kruges oder seinen runden Körper oder seinen Boden oder seinen Hals und so weiter untersuchen und uns fragen, was davon der Krug ist. Wenn man so vorgeht, wird man den Krug nie finden! Und dann werden wir nie in der Lage sein, uns mit dem Krug in irgendeiner Weise auseinanderzusetzen.

[319]
Dasselbe gilt, wenn wir uns mit einem Freund treffen wollen. Wir sagen: „Ich suche so-und-so." Dann, wenn unser Geist diesem Namen folgt, suchen wir nach ihm. Wir sagen, dass wir diese Person „getroffen" haben, sobald wir ein großes Stück ihres physischen Körpers sehen.

[320]
Aber nehmen wir an, dass wir uns damit nicht zufriedengeben und tiefer graben und uns fragen, ob diese Person ihr Kopf oder ein anderer Teil ist, oder sogar, ob sie ein anderes nicht verwandtes Ding ist. In diesem Fall werden wir nie in der Lage sein, das zu finden, was wir diese Person nennen.

[321]
Somit stellen wir fest, dass alles in der Welt nur durch Namen und Begriffe festgelegt ist – es ist alles nur eine Kreation unserer Konzepte.

[322]
Die Mutter-Sutras formulieren es auf dieselbe Weise:

> Es ist folgendermaßen:
> Was du physische Form nennst,
> Ist nichts weiter als ein Name.[109]

[323]
In der *Kurzen Präsentation* heißt es:

> Alle Dinge, die es gibt,
> Sind erklärtermaßen
> Nur Namen.[110]

[324]
Auch die *Kette der kostbaren Juwelen* sagt:

Das sich ständig verändernde Ding,
Physische Form,
Ist nichts als ein Name.
Daher ist der unveränderliche Raum
Auch nur ein Name.[111]

[325]
Wenn es hier heißt „nichts als ein Name", dann soll damit nicht geleugnet werden, dass nominelle Objekte existieren. Was geleugnet wird, ist, dass Dinge auf eine ultimative Weise existieren könnten.

Lernen, eine Untersuchung durchzuführen

[326]
Es ist nicht so, dass eine nominelle Art der Untersuchung sich nicht mit nominell existierenden Objekten befassen kann. Es ist eine Untersuchung des Ultimativen, die nicht auf sie angewendet werden kann. Wenn wir dem mit einem logischen Geist, der auf der Ebene des Ultimativen untersucht, nachgehen, dann finden wir – wie wir oben erklärt haben – am Ende unserer Untersuchung überhaupt nichts.

[327]
Mit dieser Tatsache im Hinterkopf hat der glorreiche Chandrakirti gesagt: „Versuche erst gar nicht, den Wahrheitsgehalt nomineller Dinge zu untersuchen."[112]

[328]
Wenn wir sagen, dass wir mit einem logischen Geist Ultimatives untersuchten und dann nichts fanden, als wir uns auf die Suche nach einem Wasserkrug oder etwas Ähnlichem machten, dann bedeutet das im Endeffekt, dass Dinge wie Krüge nicht ultimativ, durch irgendeine eigene Natur, existieren können.

Was es aber nicht bedeutet, ist, dass – allgemein gesprochen – Dinge wie Krüge gar nicht existieren können. Was wir also an diesem Punkt entdeckt haben, ist, dass Krüge und dergleichen keine eigene Natur haben. Es ist nicht so, dass wir entdeckt hätten, dass es keine Krüge oder ähnliches gibt.

[329]
Man kann sich folgende Frage stellen:

> Wenn wir sagen, dass Dinge wie Wasserkrüge nicht durch eine eigene Natur existieren, reicht das aus, um zu sagen, dass sie überhaupt nicht existieren?

[330]
Wenn etwas nominell existiert, dann reicht das aus, um zu sagen, dass es existiert. Nicht auf natürliche Weise zu existieren, reicht aber nicht aus, um zu sagen, dass etwas nicht existiert. Das liegt daran, dass sowohl Existenz als auch Nichtexistenz durch die Kraft von Begriffen festgelegt werden.

[331]
Nun gibt es Erklärungen in den Schriften, die besagen, dass nichts im Universum existiert, dass nichts nicht existiert, dass nichts sowohl existiert als auch nicht existiert, und dass nichts weder existiert noch nicht existiert. Einige Gelehrte der Vergangenheit nahmen solche Aussagen wörtlich, was sie zu der Behauptung brachte, dass es weder Existenz von Dingen noch Nicht-Existenz von Dingen gibt.

[332]
Die *Lobpreisung der Abhängigkeit* drückt es so aus:

> Es ist nicht so, dass Dinge
> Überhaupt nicht existieren.
> Noch existieren sie
> Durch eine Natur,
> Die ihnen eigen ist.

---

[111] *Auch nur ein Name:* Siehe f. 110b (S10, TD04158).

[112] *Versuche erst gar nicht:* Siehe f. 205b seines *Betreten des Mittleren Weges* (S4, TD03861).

Etwas, das existieren könnte,
Ohne auf etwas
Anderem zu beruhen,
Ist so real wie eine Blume,
Die aus dem Nichts erwächst.

Daher können wir sagen,
Dass nichts existiert,
Das von nichts anderem abhängt.[113]

[333]
Der erste Teil dieser Zeilen besagt, dass es nicht so ist, dass Dinge „überhaupt nicht", d. h. in keiner Weise, existieren. Wenn es dann weitergeht mit „noch existieren sie durch eine Natur, die ihnen eigen ist", dann heißt das, dass nichts jemals durch eine eigene Natur entstanden ist.

[113] *Eine Blume, die aus dem Nichts erwächst:* Siehe f. 13b (B12, S05275-15).
[114] *Typische Extremvorstellungen:* Die extremen Vorstellungen, dass sich Dinge niemals verändern oder dass sie ganz aufgehört haben müssen, sind die logischen Folgen der Vorstellung, (1) dass Dinge eine eigene Natur haben müssen, oder (2) dass sie, wenn sie keine eigene Natur haben, überhaupt nicht existieren können. Es ist wichtig, diese Beschreibung im Hinterkopf zu behalten, während wir hier fortfahren.
[115] *Sie hängen von ihren Teilen ab und so weiter:* Das „und so weiter" ist hier äußerst wichtig und wird leicht verständlich, wenn wir uns die brillante Erklärung der Abhängigkeit – sie wird häufig auch „abhängiges Entstehen" genannt – des großen Pabongka Rinoche (1878–1941) anschauen. In seinem Kommentar zu den berühmten *Drei Hauptpfaden* von Je Tsongkapa beschreibt er drei Arten von Abhängigkeit, die im Buddhismus gelehrt werden. Die grundlegendste ist, dass Dinge von ihren Ursachen abhängen. Da jedoch davon ausgegangen wird, dass alle Dinge in Abhängigkeit existieren, brauchen wir eine umfassendere Beschreibung, eine, die auch jene Dinge wie leeren Raum oder Leerheit selbst umfasst (Dinge, die zwar existieren, aber nicht von Ursachen herrühren). Daher sagen wir dann, dass „Abhängigkeit" sich darauf bezieht, wie Dinge von ihren Bestandteilen abhängen: so wie die Richtungen des leeren Raums oder die Leerheit einzelner Objekte innerhalb des gesamten Konzepts der Leerheit.
Die tiefste Interpretation von Abhängigkeit ist, wenn die Existenz von etwas wie einem Stift davon abhängt, dass seine Teile zusammenkommen und von einem Bild (oder einer „Projektion" oder einem „Namen"), das aus unserem Geist kommt, verbunden werden. Dieses Bild geht aus einem karmischen Samen hervor, und dieser Samen wurde (im Falle von etwas, das wir mögen) durch einen Akt des Gebens gepflanzt, dadurch, dass wir das, was wir besitzen, mit anderen in Not geteilt haben.
Das „und so weiter" beinhaltet also Samen und die Projektion eines karmischen Bildes auf eine Ansammlung von Teilen. Siehe ff. 31a-31b von Pabongka Rinpoches kurzem, aber berühmtem Werk (B18, S00034).

[334]
Wenn wir sagen, dass es nicht so ist, dass Dinge überhaupt nicht existieren, sagen wir damit, dass Dinge nominell existieren, und wenn wir sagen, dass es nicht so ist, dass Dinge durch eine eigene Natur existieren, sagen wir damit, dass Dinge nicht wirklich existieren.

Lernen, die beiden Extreme zu vermeiden

[335]
Die erste Aussage dient dazu, die extreme Vorstellung zu verhindern, dass alles aufhören muss, während die zweite Aussage dazu dient, die extreme Vorstellung zu verhindern, dass Dinge existieren müssen, ohne sich jemals zu verändern. Somit werden beide typischen Extremvorstellungen[114] verhindert: dass Dinge existieren könnten, ohne sich zu verändern, oder dass sie alle aufgehört haben.

[336]
Was ist der Hauptgrund dafür, dass wir sagen können, dass diese beiden Extreme (dass Dinge ewig weiter existieren könnten, ohne sich zu verändern, oder dass sie aufgehört haben) auf kein existierendes Ding zutreffen können? Der Grund ist die Tatsache, dass Dinge in Abhängigkeit voneinander existieren.

[337]
Was bedeutet es, wenn wir sagen, dass „Dinge in Abhängigkeit voneinander existieren“? Es bedeutet, dass sie alle von ihren Teilen abhängen und so weiter.[115] Das heißt, alles im Universum hängt von seinen Teilen ab und so weiter: Es gibt nichts, was *nicht* von seinen Teilen abhängt. Deshalb heißt es in Je Tsongkapas Vers, dass so etwas so wäre „wie eine Blume, die aus dem Nichts erwächst“.

[338]
Es gibt viele verschiedene traditionelle Beweise, um diese beiden extremen Ideen zu widerlegen. Der Hauptbeweis ist jedoch das, was wir die „Argu-

mentation der Abhängigkeit" nennen. Wiederum sagte der großartige Chandrakirti:

[339]

Dies ist der Grund, warum
Die Logik der Abhängigkeit
Alle Netze von falschen Sichtweisen
Zerschneidet.[116]

[340]

Der Lord selbst erklärte auch:
Du sagtest uns, dass
Wir uns nicht auf Ansichten
Verlassen sollen, die extrem sind.

Als Grund
Nanntest Du, dass Dinge
In Abhängigkeit geschehen.

Diese eine Aussage von Dir,
Oh Beschützer von uns allen,
Ist ausreichend, um festzustellen,
Dass Du der Lehrer bist,
Der unvergleichlich ist.[117]

[341]

Nun ist es so, dass der Beweis der Abhängigkeit in der Lage ist, beide extremen Vorstellungen gleichzeitig zu verhindern. Das liegt daran, dass die Bedeutung des Wortes „Abhängigkeit" erstens darin besteht, dass Dinge in Abhängigkeit von anderen Dingen entstehen: dass sie aufgrund dieser Art von Abhängigkeit zu dem werden, was sie sind, dass sie also immer auf etwas anderes angewiesen sind. Wenn man sagt, dass Dinge in Abhängigkeit entstehen, dann verhindert man dadurch direkt die extreme Vorstellung, dass Dinge zum Stillstand gekommen sein könnten.

[342]
Wenn wir erkennen, dass Dinge durch einen Prozess des Entstehens in Abhängigkeit existieren – dadurch, dass sie aufgrund ihrer Abhängigkeit entstehen –, dann verhindert diese Idee nicht nur direkt das Extrem, dass Dinge hätten aufhören können, sondern sie vereitelt auch die Idee, dass Dinge weitergehen könnten, ohne sich jemals zu verändern. Denn wenn wir erst einmal verstehen, wie Dinge in Abhängigkeit entstehen – wie sie aufgrund ihrer Abhängigkeit zustande kommen –, dann verstehen wir auch, dass sie nicht durch eine eigene Natur zustande gekommen sein können. Dieses Konzept kann die extreme Idee, dass Dinge weitergehen könnten, ohne sich jemals zu verändern, vollständig unterbinden.

[343]
Nehmen wir an, wir sind in der Lage, uns auf ein einziges Objekt zu konzentrieren und die Sichtweise zu erreichen, die dazu dient, in Bezug auf nur dieses eine Objekt die beiden extremen Ideen zu vereiteln. Auf diese Weise sind wir dann in der Lage, dieselbe Sichtweise auch in Bezug auf jedes andere Ding zu erreichen, das es gibt. Wie Meister Aryadeva es ausdrückt:

[344]

> Man sagt, dass
> Die Art, wie wir eine Sache betrachten,
> Die Art ist, wie wir alles betrachten:
> Die Leerheit einer Sache
> Ist die Leerheit von allem.[118]

[345]
Wir sehen auch:

> Jeder, der sehen kann,
> Wie Dinge wirklich sind,

---

[116] *Alle Netze zerschneidet:* Siehe ff. 209b-210a vom *Betreten des Mittleren Weges* (S4, TD03861). Siehe auch Fußnote 57.

[117] *Der Lehrer, der unvergleichlich ist:* Siehe f. 14a des Werkes von Je Tsongkapa (B12, S05275-15).

[118] *Die Leerheit von allem:* Siehe f. 9b seiner *400 Verse* (S1, TD03846).

An nur einem einzigen Ding,
Sieht, wie die Dinge sind,
An jedem einzelnen Ding.[119]

[346]
Das Verständnis, dass alles in der Welt nichts weiter als eine Kreation von Konzepten ist, ist auch in der Lage, die beiden extremen Ideen zu verhindern. Das heißt, wenn etwas nur als eine Kreation von Konzepten existiert, können wir verstehen, dass es nur nominell existiert – das verhindert die extreme Vorstellung, dass Dinge aufgehört haben müssen. Da wir, wenn wir verstehen, dass Dinge nominell existieren, verstehen, dass sie nicht durch eine eigene Natur existieren können, verhindert dies die extreme Idee, dass sie weiter existieren könnten, ohne sich jemals zu verändern.

[347]
Wir sind also in der Lage, zwei spezifische Objekte unseres Denkens zu widerlegen: Dinge, die ewig andauern, ohne sich zu verändern, und Dinge, die einfach aufhören. Sobald wir diese Objekte widerlegt haben, verhindern wir automatisch auch die beiden Subjekt-Geisteszustände, die sich auf sie konzentrieren.

[348]
Im Allgemeinen gibt es die beiden Extreme – dass Dinge ewig weiter existieren könnten, ohne sich zu verändern, oder dass sie ganz aufhören

---

119 *Wie die Dinge sind:* Choney Lama hat diese Zeilen nicht zugeordnet, aber angesichts ihrer Position direkt nach dem Zitat aus den *400 Versen* von Meister Aryadeva ist es gut möglich, dass sie daraus stammen. Eine Reihe von großen tibetischen Meistern geht davon aus, dass sie aus den *400 Versen* stammen, aber wir haben sie dort nicht in dieser Form gefunden. Die Zeilen, wie sie hier zu finden sind, kommen im Tengyur einige Male vor, vor allem in den beiden berühmten Kommentaren von Meister Haribhadra zu Lord Maitreyas *Juwel der Erkennnisse.* Siehe f. 314b des längeren Kommentars (S38, TD03791), und f. 130a des kürzeren (S37, TD03793).

120 *In Extreme hineinfallen:* Choney Lama arbeitet hier mit vielen Wortspielen, die sich in der Übersetzung nicht wiedergeben lassen. Das tibetische Wort für „extrem" ist hier *mtha'* (gleichbedeutend mit *anta* im Sanskrit). Es kann si ch auch auf den äußersten Rand von etwas wie einer Klippe beziehen oder auf das unmögliche Objekt einer extremen Ansicht oder sogar auf die Ansicht selbst – ebenso wie auf den Abgrund unterhalb einer Klippe.

könnten – gar nicht. Dennoch ist es möglich, dass eine Person in diese Extreme „hineinfällt“.

[349]
In der alltäglichen Welt kann jemand zum Beispiel an den Rand einer Klippe gehen und von dort in einen Abgrund stürzen und alles verlieren. So ist es auch hier: Wenn eine Person an diese beiden Extreme glaubt, dann verliert sie alles – und das ist es, was wir als „hineinfallen“ in diese Extreme beschreiben.[120]

[350]
Nun sagen wir nicht, dass jemand, nur weil er glaubt, dass Dinge durch eine eigene Natur existieren, der extremen Ansicht verfallen sei, dass Dinge weiter existieren müssen, ohne sich zu verändern. Das liegt daran, dass der Geisteszustand, der glaubt, dass Dinge durch ihre eigene Natur existieren, sogar in einem verwirklichten Wesen gefunden werden kann, das sich auf dem höheren Bodhisattva-Weg befindet.

[351]
„Nun ja“, wirst du vielleicht fragen, „was braucht es denn, damit wir sagen können, dass jemand in diese Ansicht hineingefallen *ist?*“ Die Antwort lautet: Wenn eine Person von der Tendenz gefangen ist zu glauben, dass Dinge real sind, dann ist sie in die Ansicht hineingefallen, dass sich Dinge niemals ändern können.

[352]
Was bedeutet es, wenn wir sagen, dass jemand auf diese Weise „gefangen“ ist? Das bezieht sich nicht nur darauf, dass die Person die Tendenz hat zu glauben, dass Dinge real sind. Vielmehr bedeutet es, dass die Person, die gefangen ist, – wenn sie über die Frage nachdenkt, ob Dinge real existieren oder nicht – nie über die Anhaftung an den Gedanken hinausgehen kann, dass diese Dinge real *sind:* Sie kann nie über den Glauben hinausgehen, dass Dinge tatsächlich *real* sind. Wenn man darüber nicht hinausgehen kann, dann nennen wir das „gefangen sein“.

[353]
Wenn eine Person jemals in der Vergangenheit die Tatsache erkannt hat, dass Dinge nicht real sind, können wir sie nicht als jemanden beschreiben, der „von der Tendenz gefangen ist zu glauben, dass Dinge real sind".[121]

[354]
Im Gegensatz zu der extremen Ansicht, dass Dinge ganz und gar aufgehört haben müssen, können wir auch sagen, dass der bloße Glaube, dass etwas, das existiert, nicht existiert, nicht ausreicht, um zu sagen, dass jemand auf diese Weise „hineingefallen" ist. Denn gewöhnliche Menschen (diejenigen, die Leerheit noch nicht direkt gesehen haben) und sogar verwirklichte Wesen, die sie gesehen haben, aber noch keine Buddhas sind, haben immer noch nicht jeden einzelnen ihrer Zweifel über jede einzelne der unendlichen und äußerst subtilen Unterteilungen aller Dinge, die in diesem Universum existieren, ausgeräumt.

[355]
Als solches können Menschen immer noch in die extreme Ansicht hineinfallen, dass Dinge nicht existieren, im Sinne der Leugnung von zum Beispiel den Gesetzen von Karma und seinen Konsequenzen oder den drei Juwelen.[122] Sie können auch immer noch die Ansicht vertreten, dass Dinge wie zum Beispiel bestimmte grobstoffliche Objekte – entweder durch die Art und Weise, wie alle Dinge sind, oder wie viele Dinge es gibt,[123] – oder grobe Details der vier Wahrheiten gar nicht existieren.

[356]
Sie können auch Probleme haben, wie beispielsweise nicht zu erkennen, dass bestimmte subtile Details der Gesetze von Karma und seinen Konsequenzen oder bestimmte subtile Beispiele für die Art und Weise, wie alle Dinge sind, oder für alle Dinge, die es gibt, tatsächlich existieren, und so könnten sie glauben, dass sie nicht existieren. Dennoch fällt es mir schwer zu sagen, dass jeder, der einen der hier genannten Glaubenssätze im Kopf hat, der extremen Vorstellung verfallen sein muss, dass Dinge aufgehört haben zu existieren. Auf jeden Fall sollte man dieser Frage weiter nachgehen.

[357]
Es gibt Personen, die glauben, dass man immer dann, wenn man der Meinung ist, dass etwas existiert, der extremen Ansicht verfallen ist, dass sich Dinge niemals ändern können, und dass man immer dann, wenn man der Meinung ist, dass etwas nicht existiert, der extremen Ansicht verfallen ist, dass Dinge überhaupt nicht mehr existieren. Das ist jedoch ein großes Missverständnis. Wie kann jemand, der glaubt, dass die guten Eigenschaften des Buddhas existieren und dass die negativen Eigenschaften des Buddhas nicht existieren, in das Extrem verfallen, dass sich Dinge niemals ändern oder aufhören zu existieren?

Die Erscheinung ist real

[358]
Nur weil etwas in der Wahrnehmung bestimmter Personen existiert, die der Meinung sind, dass etwas da ist, bedeutet das nicht unbedingt, dass es im

---

[121] *Gefangen von der Tendenz:* Der Punkt, der hier gemacht wird, ist, dass eine Person – wenn sie z. B. ihre erste direkte Wahrnehmung der Leerheit erfährt – sich in dieser Meditation nicht weiter vorstellen kann, dass Dinge eine eigene Natur haben. Aber infolge dieser Erfahrung setzen sich die Samen dafür, Dinge als von ihrer eigenen Seite kommend zu sehen, wieder durch und der Praktizierende wird, bis er an einem ausreichenden Punkt angekommen ist, weiterhin – außerhalb der tiefen Meditation über Leerheit – Dinge auf diese Weise sehen. Er ist sich jedoch bewusst, dass das, was er sieht, falsch ist, und deshalb können wir eine solche Person nicht – wie Choney Lama hier sagt – als von dieser Sichtweise „gefangen" bezeichnen. Siehe z. B. ff. 70b-71a der Erklärung von Chujey Ngawang Pelden, wiederum in seinem Wortkommentar zum *Betreten des Mittleren Weges* (B7, S00981).

[122] *Die drei Juwelen:* Die traditionelle Dreifaltigkeit des buddhistischen Glaubens: Buddha, Dharma und Sangha. Auf einer tieferen Ebene werden sie definiert als (1) eine Person, die die physischen und mentalen Formen eines erleuchteten Wesens erlangt hat, die nur aufgrund der mit ihnen einhergehenden Leerheit „Platz" zum Existieren haben, (2) die direkte Wahrnehmung der Leerheit und (3) jede Person, die diese Wahrnehmung jemals erfahren hat. Siehe z. B. die brillante Darstellung von Kedrup Tenpa Dargye (1493–1568), dem Autor vieler großartiger Lehrbücher für das tibetische Kloster Sera Mey, im letzten Viertel des zweiten Bandes seiner dialektischen Analyse des *Juwels der Erkenntnisse* (B15, S00001-2).

[123] *Wie alle Dinge sind oder wie viele Dinge es gibt:* Eine traditionelle Unterteilung aller Dinge in ihre wirkliche Natur und ihre unendlichen nominellen Ausprägungen. Nur ein allwissendes Wesen kann alles von beidem gleichzeitig wahrnehmen. Siehe z. B. f. 41b der *Untersuchung über die Stufen des Pfades zur Erleuchtung* von Seiner Heiligkeit dem zweiten Panchen Lama, Lobsang Yeshe (1663–1737), f. 41b (B20, S06980).

Allgemeinen auch tatsächlich da *sein* muss. Die „Tatsache", dass ein Wasserkrug in Wahrheit existiert, existiert in der Wahrnehmung einer Person, die dies glaubt, und doch existiert diese „Tatsache" im Allgemeinen überhaupt nicht.

[359]
In ähnlicher Weise existiert die „Tatsache", dass ein Stück Seil eine Schlange ist, in der Wahrnehmung einer Person, die glaubt, dass das Seil eine Schlange ist, und doch existiert sie im Allgemeinen nicht.

[360]
Dies kann wiederum dazu führen, dass sich jemand denkt:

> Dann sagst du also, dass es keine Schlange im Seil gibt. Dann sollte das auch für alles andere gelten, was es gibt, oder? Schließlich sind deine Metapher und deine Interpretation doch sicher korrekt!

[361]
Dies ist ein schwieriger Punkt, und der Leser sollte ihn unbedingt verstehen. Wenn ich nicht befürchtete, dass diese Arbeit dadurch zu lange wird, würde ich diesen Punkt ausführlich erklären. Es ist jedoch auch kein Problem, wenn ich nur eine kurze Erläuterung gebe – also los geht's!

[362]
Tatsache ist, dass sich in einem Stück Seil keine Schlange befindet. Dennoch erscheint es so, als wäre die Schlange da. Genauso erscheinen Dinge wie „ich" so, als wären sie in dem, was wir „ich" nennen, von ihrer eigenen Seite her da, obwohl sie in Wirklichkeit nicht da sind. Die Metapher von der Schlange und dem Seil und unsere Interpretation davon sind in diesem Fall zutreffend.

[363]
Es gibt aber noch eine andere Bedeutung, in der die Metapher nicht zutrifft. Eine Schlange, die in einem Stück Seil existiert, ist etwas, das nicht existiert, nicht einmal nominell. Das „ich" hingegen existiert nominell in dem, was wir „ich" nennen: in den Teilen, die die Person ausmachen, und so weiter.

[364]
Der Unterschied zwischen diesen beiden besteht also darin, dass die eine durch eine korrekte nominelle Wahrnehmung widerlegt wird, die andere jedoch nicht. Die Vorstellung, dass es eine Schlange in einem Stück Seil geben könnte, wird durch eine solche Wahrnehmung widerlegt, wohingegen die Vorstellung, dass ein „ich" oder was auch immer es sein mag, das in dem existiert, was wir „ich" nennen (den Teilen der Person), nichts ist, das durch eine korrekte nominelle Wahrnehmung widerlegt wird.

[365]
Es gibt im Sprachgebrauch oder in den Konventionen der Welt keine Referenz für die erste Idee. Aber es gibt eine Referenz für die zweite Idee, und zwar in derselben Sprache und Konvention.

Was die Welt sagt

[366]
Nun ist es nicht so, dass alles, von dem die Welt annimmt, dass es existiert, existiert. Es ist auch nicht so, dass alles, von dem die Welt annimmt, dass es nicht existiert, nicht existiert. Dennoch ist die Entscheidung, ob etwas existiert oder nicht, etwas, das wir in Abhängigkeit von den in der Welt akzeptierten Begriffen und Konventionen treffen. Wie unser Beschützer, Nagarjuna, sagte:

[367]

> Buddhas sagen, was sie sagen,
> In der Sprache der Welt;
> Und nicht auf essenzielle Weise.[124]

[368]
Auch Meister Chandrakirti verkündet:

> Ob Dinge existieren

[124] *Buddhas sagen, was sie sagen:* Siehe f. 24a seiner *Siebzig Verse über die Leerheit* (S11, TD03827).

Oder nicht,
Folgt präzise
Den Überzeugungen der Welt.[125]

[369]
Die Art und Weise, in der die Buddhas selbst Worte benutzen, folgt den Gepflogenheiten der Welt, aber die Menschen der Welt glauben, dass alle Dinge, auf die sich die Worte beziehen, durch eine Natur existieren, die sie selbst besitzen. So argumentieren sie gegen die Lehre des Buddhas, die besagt, dass keines dieser Dinge eine solche Natur hat. Wie die *Kurze Darstellung* es ausdrückt:

[370]
Die Wesen in dieser Welt
Begehren eine Heimat
Und erschaffen sich Nationen.

Sie leben in Anhaftung,
Sie wissen nicht, was sie tun.
Narren, verwirrt in der Dunkelheit.

Aber der Ort, an den wir gehen wollen,
Ist einer,
Wo an nichts angehaftet werden kann.

---

125 *Folgt den Überzeugungen der Welt:* Siehe f. 209b vom *Betreten des Mittleren Weges* (S4, TD03861).

126 *Meinungsverschiedenheiten sind entstanden:* Siehe f. 200b des Sutras (S21, KL00013).

127 *Nicht ich mit der Welt:* Der vollständige Name der Quelle ist *Ein erhabenes Sutra des Großen Weges mit dem Titel „Eine Darstellung der Drei Gelübde", ein Abschnitt innerhalb der Hunderttausend Wiederholungen des Dharmas, bekannt als „Der große Berg seltener und kostbarer Juwelen"*, siehe f. 14a (S26, KL00045).

128 *Auf Basis ihrer verschiedenen Teile:* Der Vers stammt zweifellos aus dem Autokommentar von Meister Chandrakirti zum *Betreten des Mittleren Weges,* wo er zweimal vorkommt, siehe f. 296b und f. 299b (S5, TD03862). Dort wird er nur dem „Sutra" zugeschrieben. Fast dieselben Zeilen kommen mindestens drei weitere Male im Tengyur vor, wiederum ohne Zuordnung (siehe f. 71b von TD04421, S36; f. 80b von TD03856, S13; und f. 71a von TD03885, S34), außer, dass im letzten Fall gesagt wird, dass es vom „Beschützer" gesprochen wurde. Wir haben im aktuellen Kangyur keine entsprechende Passage gefunden.

So kommt es, dass
Meinungsverschiedenheiten entstanden sind
Zwischen jenen in der Welt und uns.[126]

[371]
Auch im *Berg der Juwelen* sagt der Buddha: „Oh Kashyapa, die Welt streitet mit mir, aber nicht ich mit der Welt."[127]

[372]
Wenn wir sagen, dass es „dem Sprachgebrauch" oder den Begriffen „der Welt" entspricht, beziehen wir uns übrigens nicht nur auf die normale Art und Weise, wie gewöhnliche Menschen Worte verwenden. Wir beziehen uns vielmehr auf die genauen, nominellen Wahrnehmungen sowohl der gewöhnlichen Menschen als auch derjenigen, die Leerheit direkt gesehen haben.

Zusammenfassung anhand des Beispiels des Wagens

[373]
Die folgenden Worte des Sutras bieten hier eine Zusammenfassung:

Wir nennen etwas
Einen „Wagen",
Basierend auf der Summe
Seiner verschiedenen Teile.

Genau so
Nennen wir etwas
Eine scheinbare „Person",
Auf Basis ihrer verschiedenen Teile.[128]

[374]
Das bedeutet, dass die einzelnen Teile eines Wagens nicht der Wagen sind und auch die Summe dieser Teile nicht der Wagen ist. Dennoch können wir etwas als „Wagen" bezeichnen – etwas, das auf Grundlage dieser Teile und des Ganzen scheinbar existiert.

[375]
Genauso ist keiner der Teile der Person, noch die Summe dieser Teile oder ähnliches, „ich". Aber aufgrund dieser Dinge ist es immer noch richtig – d. h. logisch vertretbar –, „ich" zu sagen, wenn auch nur scheinbar.

[376]
Dieselbe Art und Weise der Dinge kann auf alles andere im Universum angewandt werden. Und wir müssen eine absolute Gewissheit darüber erlangen, wie Dinge leer von jeder eigenen Natur sein können, während gleichzeitig die ganze Art und Weise, wie Dinge in der Welt funktionieren, immer noch absolut in Ordnung ist.

Ein Gefühl von Wunder

[377]
Die Sutras selbst bemerken, wie absolut erstaunlich diese Struktur der Dinge ist, und auch die Geheimlehren spiegeln diese Meinung wider. Hier sehen wir, was das 15. Kapitel des *Grundlagenbuchs der Geheimnisse für die Geheime Sammlung* zu sagen hat:

[378]

> Oh Eroberer,
> Wie kann es sein?
>
> Du erklärst uns
> Die wahre Natur der Dinge
> Für all die Dinge,
> Die keine Essenz haben.

---

[129] *In leerem Raum sitzen und über Raum nachdenken:* Siehe ff. 494a-494b des Tantras (S30, KL00442).

[130] *Wundersamer als ein Wunder:* Siehe f. 41b des Werkes (S8, TD01800). Das zweite Kapitel bezieht sich auf das soeben erwähnte Grundlagen-Tantra der Geheimen Sammlung mit der Überschrift: Über den Wunsch nach Erleuchtung. Siehe ff. 438a–440a (S30, KL00442).

[131] *Was ist erstaunlicher?* Siehe f. 14a seiner *Lobpreisung der Abhängigkeit* (B12, S05275-15).

Wundersamer
Als wundersam ist es,
In leerem Raum zu sitzen
Und gleichzeitig über Raum nachzudenken.[129]

[379]
Unser Beschützer, Nagarjuna, sagte in seinem *Kommentar zum Wunsch nach Erleuchtung* im zweiten Kapitel auch:

Jemand, der begreift,
Dass all diese Dinge
Leer sind,

Und dann weitergeht
Und sich Karma
Und seinen Folgen widmet,

Ist unglaublicher als das Unglaubliche,
Wundersamer als ein Wunder.[130]

[380]
Und zum Schluss stimmt die *Lobpreisung der Abhängigkeit* ein allerletztes Mal zu:

Alles um uns herum
Ist leer von jeglicher
Eigener Essenz,
Und gleichzeitig
Entstehen Dinge aus anderen Dingen.

Das Verstehen des einen
Hilft uns, das andere zu begreifen.
Sie unterstützen sich gegenseitig
Und behindern einander niemals.

Was könnte wundersamer sein?
Was erstaunlicher?[131]

Wie dieses Buch entstand

[381]
Und so endet es.
Jetzt ist die Sonne aufgegangen,
Um zu beleuchten, was der Buddha
Wirklich im Sinn hatte,
Als er das berühmte
Herz der Perfektion der Weisheit lehrte.

Eine Lehre, die
Alle entscheidenden Punkte,
Gelehrt in all den Klassikern,
Über die Perfektion der Weisheit beinhaltet,
Die Mutter der Siegreichen.

[382]
Dies ist eine zweite Sonne,
Die der Sonne am Himmel gleichkommt.
Außerordentliche Worte,
Die die wahre Natur
Von diesem tiefsten aller Dinge lehren.

In den Herzen der Schüler,
Die den Glauben haben
Und Dinge durchdenken können,
Vertreibt sie die Dunkelheit
Des Glaubens an die extremen Ideen.

[383]
Meine Erklärung beginnt
Mit der Wahrung der großen Tradition
Von Nagarjuna, der Leerheit sah.

Und fasst dann
Die wichtigsten Punkte
Der richtigen Denkweise von Lobsang zusammen,
Dem Buddha, der auf die Erde zurückkehrte.[132]

[384]

Durch meine Bemühungen bei dieser Arbeit
Habe ich ein wenig
Reines weißes Karma angesammelt.

Ich widme das alles
Jedem Lebewesen,
Damit sie dieses
Tiefste Ding erkennen können,
Um dadurch ein Buddha zu werden.

[385]

Dieser Kommentar entstand folgendermaßen. Ich wurde von dem älteren Drakpa Peljor, einem Mönch von großem Glauben und großer Intelligenz, angesprochen. Er bestand vehement darauf, dass ich ein solches Werk schreiben solle – und so tat ich es.

Mein Name ist Drakpa Shedrup, und ich bin ein Mönch des Ordens von Shakyamuni, der sich selbst als Philosoph des Mittleren Weges sieht und der die Position des leitenden Lehrers sowohl an der Hochschule für das Studium der offenen Lehren als auch an der Hochschule für das Studium der geheimen Lehren hier im Kloster Choney innehat. Mit dem Gedanken, denjenigen zu ehren, der mich dazu drängte, diesen Text zu schreiben, und in Anbetracht des Nutzens, den er anderen bringen könnte, habe ich ihn im Jahr des Eisernen Schweins in aller Stille in meinen persönlichen Räumen verfasst.[133]

---

[132] *Der Buddha, der auf die Erde zurückkehrte:* Natürlich eine Anspielung auf Je Tsongkapa, Lobsang Drakpa.

[133] *Jahr des Eisernen Schweins:* Das entspricht dem Jahr 1730. Choney Lama war zu dieser Zeit 55 Jahre alt und auf dem Höhepunkt seiner philosophischen Fähigkeiten. Aus seinen Biografien wissen wir, dass er gerne viel Zeit in seinem Zimmer verbrachte, um zu studieren, zu meditieren und zu schreiben.

[386]
Der Autor, der das Werk niederschrieb, war der ältere Kunga Rinchen, ein Mönch mit kraftvollem Glauben.

[387]
Möge alles gut sein.
Möge das Gute siegen.

DAS HERZ-SUTRA
AUF DEUTSCH
UND ENGLISCH

DAS HERZ-SUTRA AUF DEUTSCH

[C1]
In der Sprache Indiens heißt dieses Sutra: *Arya Bhagavati Prajna Paramita Hirdaya.*
Auf Tibetisch heißt es: *Pakpa Chomden-dema Sherab kyi Parul tu Chinpay Nyingpo.*
Auf English nennt man es: *The Exalted One, the Lady of Conquest, the Heart of the Perfection of Wisdom.*
Und auf Deutsch trägt es den Namen: *Die Erhabene, die Herrin der Eroberung, das Herz der Perfektion der Weisheit.*

[C2]
Dieses Werk wurde auf einer einzigen Garbe gefertigt.

[C3]
Ich verneige mich vor der Herrin der Eroberung, der Perfektion der Weisheit.

[C4]
Einst hörte ich diese Worte.

[C5]
Der Eroberer hielt sich auf der Geierspitze, im Herrschaftsgebiet des Königs auf. Mit ihm war eine große Schar von Mönchen und eine große Gruppe von Kriegerheiligen.

[C6]
Und dann begab sich der Eroberer in eine tiefe Meditation über den Teil der Lehre, der als „Bewusstsein des Tiefgründigen" bekannt ist.

[C7]
In diesem Moment begab sich auch der Verwirklichte, der große Krieger, der Herr der Macht, Liebende Augen, in diese eine tiefe Praxis, die Praxis der Perfektion der Weisheit. Und er erkannte einwandfrei, dass die fünf Haufen – die fünf Teile einer Person – leer von jeglicher Eigen-Natur sind.

[C8]
Und dann, durch die Ermächtigung des Erleuchteten, drehte sich der Juniormönch namens Shariputra um und stellte dem großen Krieger, Liebende Augen, dem Verwirklichten, dem Herrn der Macht diese Frage:

[C9]
Wenn ein Sohn oder eine Tochter aus nobler Familie sich wünscht, der tiefen Praxis der Perfektion der Weisheit zu folgen, was müssten sie dann tun?

[C10]
Dies ist die Antwort, die der Herr der Macht, der Verwirklichte, der große Krieger Liebende Augen, dem Juniormönch namens Shariputra gab:

Hier, Shariputra, ist das, was jeder Sohn oder jede Tochter einer noblen Familie tun sollte, die sich wünscht, der tiefen Praxis der Perfektion der Weisheit zu folgen.

[C11]
Erkenne als erstes, dass die fünf Haufen – alle fünf Teile einer Person – leer von jeder selbst-existierenden Essenz sind.

[C12]
Dein Körper ist leer, Leerheit ist dein Körper. Leerheit ist nichts anderes als dein Körper, und dein Körper ist nichts anderes als Leerheit.

[C13]
Dasselbe gilt für deine Gefühle, deine Fähigkeit, zwischen Dingen zu unterscheiden, und die anderen Faktoren, die dich ausmachen und all die unterschiedlichen Arten von Bewusstsein, die du besitzt: Sie alle sind leer.

[C14]
Und so können wir sagen, Shariputra, dass jedes existierende Ding Leerheit ist. Nichts besitzt Eigenschaften von sich aus. Nichts beginnt jemals. Nichts endet jemals. Nichts ist jemals unrein. Nichts wird jemals rein. Nichts wird jemals weniger und nichts wird jemals mehr.

[C15]
Daher können wir sagen, Shariputra, dass es mit Leerheit keinen Körper gibt. Es gibt keine Gefühle. Es gibt keine Fähigkeit zur Unterscheidung. Es gibt keinen der anderen Faktoren, die dich ausmachen, und es gibt kein Bewusstsein. Es gibt keine Augen, keine Ohren, keine Nase, keine Zunge, keinen Körper, keinen Geist, nichts zu sehen, nichts zu hören, nichts zu riechen, nichts zu schmecken, nichts zu berühren und nichts zu denken.

[C16]
Es gibt keinen Teil von dir, der sieht. Es gibt keinen Teil von dir, der sich dessen bewusst ist, was er sieht, und das gilt bis hin zu dem Teil von dir, der denkt, und dem Teil von dir, der sich bewusst ist, dass er denkt.

[C17]
Es gibt keine falsche Wahrnehmung deiner Welt. Es gibt keine Möglichkeit, diese falsche Wahrnehmung zu beenden. Dasselbe gilt auch für dein Alter und deinen Tod und die Beendigung deines Altwerdens und deines Todes.

[C18]
Es gibt keinen Schmerz. Es gibt keine Ursache für diesen Schmerz. Es gibt keine Möglichkeit, diesen Schmerz zu beenden. Es gibt keinen Weg, diesen Schmerz zu beenden. Es gibt kein Wissen. Es gibt nichts zu erreichen. Und es gibt nichts nicht zu erreichen.

[C19]
Daher ist es so, Shariputra, dass Kriegerheilige nichts zu erreichen haben und deshalb sind sie in der Lage, die Perfektion der Weisheit zu praktizieren und in dieser Perfektion der Weisheit zu verweilen.

[C20]
Das befreit sie von jedem Hindernis in ihrem Geist, und das befreit sie von jeder Angst. Sie überwinden alle falschen Denkweisen und erreichen das ultimative Ende: Nirwana.

[C21]
Alle erleuchteten Wesen der Vergangenheit, der Gegenwart und der Zukunft folgen auch dieser gleichen Perfektion der Weisheit und bringen sich so selbst zur vollkommenen Erleuchtung: zum unvergleichlichen Zustand eines vollkommen erleuchteten Buddhas.

[C22]
Dies sind die heiligen Worte der Perfektion der Weisheit; die heiligen Worte des großartigen Wissens; die heiligen Worte des Unübertrefflichen; heilige Worte, die dem Einzigartigen ebenbürtig sind; heilige Worte, die jeder Form von Schmerz ein endgültiges Ende setzen; heilige Worte, von denen du wissen solltest, dass sie wahr sind, denn falsch können sie nicht sein ...

[C23]
... heilige Worte der Perfektion der Weisheit, die ich hier für dich spreche:

Tadyatha. Om ga-te, ga-te, paraga-te, parasanga-te, bodhi svaha.

[C24]
Daher ist es so, Shariputra, dass große Kriegerheilige die tiefgründige Perfektion der Weisheit praktizieren müssen.

[C25]
Damit verließ der Eroberer seinen tiefen Zustand der Meditation. Er wandte sich an den großen Krieger, an den Verwirklichten, Liebende Augen, den Herrn der Macht und segnete seine Worte mit den Worten: „Wahrhaftig." „Wahrhaftig", sagte er, und wieder „Wahrhaftig".

[C26]
Es ist so, oh Sohn einer noblen Familie und so ist es. Man sollte der tiefgründigen Perfektion der Weisheit folgen, so wie du sie gelehrt hast. Jeder Wirklich Gegangene erfreut sich an deinen Worten, so wie ich es tue.

[C27]
Als der Eroberer dies gesprochen hatte, freute sich der Juniormönch Shariputra, und der Krieger, der Verwirklichte, Liebende Augen, der Herr der Macht, freute sich ebenfalls. Und alle versammelten Schüler freuten sich, und so freute sich die ganze Welt mit ihren Göttern, Menschen, Beinahe-Göttern und auch den Geistern. Alle sangen ihr Loblied auf das, was der Eroberer gesprochen hatte.

[C28]
Dies beendet das Sutra des Großen Weges, bekannt als die *Herrin der Eroberung, das Herz der Perfektion der Weisheit.*

[C29]
Es wurde zum ersten Mal von dem indischen Abt Vimala Mitra zusammen mit einem tibetischen Meisterübersetzer, dem ehrwürdigen Rinchen De, aus dem Sanskrit übersetzt. Später wurde es unter anderem von den Meisterübersetzern und Herausgebern Gelo und Namka überprüft und vereinheitlicht.

[C30]
[Die Übersetzung ins Englische wurde von dem amerikanischen Geshe Lobsang Chunzin, Michael Roach, mit der Unterstützung von Elizabeth van der Pas, der buddhistischen Nonne Jigme Palmo, angefertigt. Peter Mörtl und Eva Balzer übersetzten ins Deutsche.]

DAS HERZ-SUTRA AUF ENGLISCH

[C1]
In the language of India, this sutra is called *Arya Bhagavati Prajna Paramita Hirdaya.*
In Tibetan, this is *Pakpa Chomden-dema Sherab kyi Parul tu Chinpay Nyingpo.*
In English, it is *The Exalted One, the Lady of Conquest, the Heart of the Perfection of Wisdom.*

[C2]
This work is complete in a single sheaf.

[C3]
I bow down to every Buddha, and every warrior saint.

[C4]
Once did I hear these words.

[C5]
The Conqueror was staying on Vulture's Peak, in the Keep of the King. With him was a great gathering of monks, and a great gathering of warrior saints.

[C6]
At a certain moment the Conqueror went into deep meditation on the part of the teaching known as the "awareness of the profound."

[C7]
At that moment too did the realized being, the great warrior, the lord of power, Loving Eyes, see into this one deep practice, the practice of the perfection of wisdom. And he saw perfectly that the five heaps—the five parts of a person—were empty of any nature of their own.

[C8]
And then, by the power of the Enlightened One, the junior monk named Shariputra turned and asked this question of the great warrior, Loving Eyes, the realized one, the lord of power:

[C9]
If any son or daughter of noble family hoped to follow the deep practice of the perfection of wisdom, what would they have to do?

[C10]
This then is the answer that the lord of power, the realized one, the great warrior Loving Eyes, gave to the junior monk named Shariputra:

Here, Shariputra, is what any son or daughter of noble family should see who hopes to follow the deep practice of the perfection of wisdom.

[C11]
See first all five heaps—all five parts to a person—as being empty of any essence of their own.

[C12]
Your body is empty; emptiness is your body. Emptiness is nothing but your body, and your body is nothing but emptiness.

[C13]
The same is true of your feelings, and your ability to discriminate between things, and the other factors that make you up, and all the different kinds of awareness that you possess: all of them are empty.

[C14]
And thus we can say, Shariputra, that every existing thing is emptiness. Nothing has any characteristic of its own. Nothing ever begins. Nothing ever ends. Nothing is ever impure. Nothing ever becomes pure. Nothing ever gets less, and nothing ever becomes more.

[C15]
And thus can we say, Shariputra, that with emptiness there is no body. There are no feelings. There is no ability to discriminate. There are none of the other factors that make you up, and there is no awareness. There are no eyes; no ears; no nose; no tongue; no body; no mind; nothing to see; nothing to hear; nothing to smell; nothing to taste; nothing to touch; and nothing to think of.

[C16]
There is no part of you that sees. There is no part of you that is aware of what you see; and this is true all the way up to the part of you that thinks, and the part of you that is aware that you are thinking.

[C17]
There is no misunderstanding your world. There is no stopping this misunderstanding; and the same is true all the way up to your old age and your death, and to stopping your old age and your death.

[C18]
There is no pain. There is no source of this pain. There is no stopping this pain. There is no path to stop this pain. There is no knowledge. There is nothing to reach. And there is nothing not to reach.

[C19]
Thus it is, Shariputra, that warrior saints have nothing to reach; and because of this, they are able to practice the perfection of wisdom, and stay in this perfection of wisdom.

[C20]
This frees them of every obstacle in their minds, and this frees them from all fear. They go beyond all wrong ways of thinking, and reach to the ultimate end of nirvana.

[C21]
All the Enlightened Beings of the past, and present, and the future too follow this same perfection of wisdom, and thus bring themselves to perfect enlightenment: to the matchless state of a totally enlightened Buddha.

[C22]
Thus are they the sacred words of the perfection of wisdom; the sacred words of great knowledge; sacred words of the unsurpassable; sacred words that are equal to the One beyond all equal; sacred words that put a final end to every form of pain; sacred words you should know are true, for false they cannot be…

[C23]
…sacred words of the perfection of wisdom, which here I speak for you:

Tadyatha. Om ga-te, ga-te, paraga-te, parasanga-te, bodhi svaha.

[C24]
And thus it is, Shariputra, that great warrior saints must train themselves in the profound perfection of wisdom.

[C25]
With this, the Conqueror stirred himself from his deep state of meditation. He turned to the great warrior, to the realized one, Loving Eyes, the lord of power, and blessed his words, saying, "True." "True", he said, and "True" again.

[C26]
Thus it is, o son of noble family; and thus is it. One should follow the profound perfection of wisdom just as you have taught it. Every one of Those Gone Thus rejoices in your words as I do.

[C27]
And when the Conqueror had spoken thus, the junior monk Shariputra took joy; and the warrior, the realized one, Loving Eyes, the lord of power, took joy as well. And all the assembled disciples took joy, and so did the entire world—with its gods, and its men, and near-gods and spirits too—take joy. All sang their praises of what the Conqueror had spoken.

[C28]
This completes the sutra of the greater way known as the *Lady of Conquest, the Heart of the Perfection of Wisdom.*

[C29]
It was first translated from Sanskrit by the Indian abbot Vimala Mitra, together with a master Tibetan translator, the venerable Rinchen De. It was later checked and standardized by the master translators and editors Gelo and Namka, among others.

[C30]
[The translation into English was completed by the American geshe Lobsang Chunzin, Michael Roach, with the assistance of Elizabeth van der Pas, the Buddhist nun Jigme Palmo. The Chinese version was compiled by Stanley Chen and Alison Zhou.]

ANHANG

Namen von göttlichen Wesen und Orten

Deutsch	*Englisch*	*Sanskrit*	*Tibetisch*
Eroberer	Conqueror	Bhagavan	bCom-ldan-'das
Sanfte Stimme	Gentle Voice	Mañjuśrī, Mañjughoṣa	'Jam-dpal dbyangs 'Jam-pa'i dbyangs
Herr der Fähigen	Lord of the Able Ones	Munendra	Thub-pa'i dbang-po
Liebende Augen	Loving Eyes	Avalokiteśvara	sPyan-ras gzigs
Geheime Sammlung	Secret Collection	Guhya Samāja	gSang-ba'dus-pa
Siegreicher	Victor	Jina	rGyal-ba
Weißer Parasol	White Parasol	Sitātapatrā	gDugs-dkar

Bibliografie der ursprünglich in Sanskrit geschriebenen Werke

Hinweise: Aufgeführt in alphabetischer Reihenfolge nach dem Namen des Autors und dann nach dem Titel. Das Wort ārya am Anfang eines Sutras ist in der Alphabetisierung nicht berücksichtigt. Die mit einem Sternchen (*) gekennzeichneten Einträge sind unbestätigte Rekonstruktionen eines Sanskrit-Originals aus der tibetischen Übersetzung. Ein „at"-Zeichen (@) bedeutet, dass die Daten einer Person nicht bekannt sind.

S1 Āryadeva (Tib.: ‚Phags-pa lha), um 230 n. Chr. Strophen mit dem Titel *„Ein klassischer Kommentar in 400 Versen"* (Catuḥśataka Śāstra Kārikā Nāma) (Tib.: bsTan-bcos bzhi-brgya-pa zhes-bya-ba'i tsig-le'ur byas-pa, tibetische Übersetzung in ACIP TD03846, ff. 1b-18a von Band 2 [Tsa] im Teil *„Mittlerer Weg"* [Madhyāmaka, dBu-ma] des bsTan-'gyur [sDe-dge-Ausgabe]).

S2 Kāyastha Vṛddha* (Tib.: K'a-ya-stha bgres-po), @. *Ein ausführlicher Kommentar über den Erleuchteten Kuss* (Suviśada Sampuṭa Ṭīkā) (Tib.: Rab tu gsal-ba'i kha-sbyor gyi rgya-cher ‚grel-pa, tibetische Übersetzung in ACIP TD01190, ff. 1b-236a von Band 4 [Nga] im Teil *„Geheimlehren"* [Tantra, rGyud] des bsTan-'gyur [sDe-dge-Ausgabe]).

S3 Candrakīrti (Tib.: Zla-ba grags-pa), ca. 625 n. Chr. Ein ausführlicher Kommentar mit dem Titel *„Die Leuchtende Lampe"* (Pradīpodyotana Nāma Ṭīkā) (Tib.: sGron-ma gsal-bar byed-pa zhes-bya-ba'i rGya-cher bshad-pa, tibetische Übersetzung in ACIP TD01785, ff. 1b-201b von Band 29 [Ha] im Teil *„Geheimlehren"* [Tantra, rGyud] des bsTan-'gyur [sDe-dge-Ausgabe]).

S4 Candrakīrti (Tib.: Zla-ba grags-pa), ca. 625 n. Chr. *Das Betreten des Mittleren Weges* (in situ: Madhyāmaka Avatāra) (Tib.: dBu-ma la ‚jug-pa, tibetische Übersetzung in ACIP TD03861, ff. 201a-219a von Band 23 [‚A] im Teil *„Mittlerer Weg"* [Madhyāmaka, dBu-ma] des bsTan-'gyur [sDe-dge-Ausgabe]).

S5 Candrakīrti (Tib.: Zla-ba grags-pa), ca. 625 n. Chr. *Der Autokommentar zu „Das Betreten des Mittleren Weges"* (Madhyāmaka Avatāra Bhāṣya) (Tib.: dBu-ma la ‚jug-pa'i bshad-pa, tibetische Übersetzung in ACIP TD03862, ff. 220b-348a von Band 7 [‚A] im Teil *„Mittlerer Weg"* [Madhyāmaka, dBu-ma] des bsTan-'gyur [sDe-dge-Ausgabe]).

S6 Nāgārjuna (Tib.: Klu-sgrub), ca. 200 n. Chr. Die grundlegenden Verse über den Mittleren Weg mit dem Titel *„Weisheit"* (Prajñā Nāma Mūla Madhyāmaka Kārikā) (Tib.: dBu-ma rtza-ba'i tsig-le'ur byas-pa Shes-rab ces-bya-ba, tibetische Übersetzung in ACIP TD03824, ff. 1b-19a von Band 1 [Tza] im Teil *„Mittlerer Weg"* [Madhyāmaka, dBu-ma] des bsTan-'gyur [sDe-dge Ausgabe]).

S7 Nāgārjuna (Tib.: Klu-sgrub), ca. 200 n. Chr. *Lobpreisung der Herrin der Perfektion der Weisheit* (Prajñāpāramitā Stotra) (Tib.: Shes-rab kyi pha-rol tu phyin-ma'i bstod-pa, tibetische Übersetzung in ACIP TD01127, ff. 76a-76b von Band 1 [Ka] im Teil *„Loblieder"* [Stotra, bsTod-tsogs] des bsTan-'gyur [sDe-dge-Ausgabe]).

S8 Nāgārjuna (Tib.: Klu-sgrub), ca. 200 n. Chr. *Ein Kommentar zum Wunsch nach Erleuchtung* (Bodhicitta Vivaraṇa Nāma) (Tib.: Byang-chub sems kyi ,grel-pa, tibetische Übersetzung in ACIP TD01800, ff. 38a-42b von Band 34 [Ngi] im Teil *„Geheimlehren"* [Tantra, rGyud] des bsTan-'gyur [sDe-dge-Ausgabe]).

S9 Nāgārjuna (Tib.: Klu-sgrub), ca. 200 n. Chr. *Sechzig Verse über die Vernunft* (in situ: Yuktiṣaṣṭhakā Kārikā) (Tib.: Rigs-pa drug-cu-pa'i tsig-le'ur byas pa, tibetische Übersetzung in ACIP TD03825, ff. 20b-22b von Band 1 [Tza] im Teil *„Mittlerer Weg")* [Madhyāmaka, dBu-ma] der bsTan-'gyur [sDe-dge-Ausgabe]).

S10 Nāgārjuna (Tib.: Klu-sgrub), ca. 200 n. Chr. *Die Kette der Kostbaren Juwelen, dem König dargebrachte Worte* (Rāja Parikathā Ratna Mālī) (Tib.: rGyal-po la gtam-bya-ba Rin-po-che'i phreng-ba, tibetische Übersetzung in ACIP TD04158, ff. 107a-126a von Band 93 [Ge] im Teil „Epistel" [Lekha, sPring-yig] des bsTan-'gyur [sDe-dge edition]).

S11 Nāgārjuna (Tib.: Klu-sgrub), ca. 200 n. Chr. *Siebzig Verse über Leerheit* (Śūnyatāsaptatikārikā) (Tib.: sTong-pa-nyid bdun-cu-pa'i tsig-le'ur byas-pa, tibetische Übersetzung in ACIP TD03827, ff. 24a-27a von Band 96 [Tza] im Teil *„Mittlerer Weg"* [Madhyāmaka, dBu-ma] der bsTan-'gyur [sDe-dge Ausgabe]).

S12 Nāgārjuna (Tib.: Klu-sgrub), ca. 200 n. Chr. *Ein Kompendium aller Sutras* (Sūtra Samuccaya) (Tib.: mDo kun las btus-pa, tibetische Übersetzung in ACIP TD03934, ff. 148b-215a von Band 15 [Ki] im Teil *„Mittlerer Weg"* [Madhyāmaka, dBu-ma] des bsTan-'gyur [sDe-dge Ausgabe]).

S13 Bhāvaviveka (Tib.: Legs-ldan ,byed), ca. 550 n. Chr. *Das Feuer der Vernunft: Ein Kommentar zu „Das Herz des Mittleren Weges"* (Madhyāmaka Hṛdaya Vṛtti Tarka Jvālā) (Tib.: dBu-ma'i snying-po'i ,grel-pa rTog-ge ,barba, tibetische Übersetzung in ACIP TD03856, ff. 40b-329b von Band 3 [Dza] im Teil *„Mittlerer Weg"* [Madhyāmaka, dBu-ma] des bsTan-'gyur [sDe-dge-Ausgabe]).

S14 Mañjuśrīkīrti (Tib.: ,Jam-dpal grags-pa), @. *Berühmte Perlen: Ein Kommentar zum Erhabenen Sutra des Großen Weges mit dem Titel „Die verschiedenen Manifestationen der einen Natur der Dinge, der König der Konzentration"* (Ārya Sarva Dharma Svabhāva Samatā Vipañcita Samādhi Rāja Nāma Mahāyāna Sūtra Ṭīkā Kīrti Mālā Nāma) (Tib.: ,Phags-pa Chos thams-cad kyi rang-bzhin mnyam-pa nyid rnam-par spros-pa Ting-nge-'dzin gyi rgyal-po zhes-bya-ba theg-pa chen-po'i mdo'i ,grel-pa Grags-pa'i phreng-ba, tibetische Übersetzung in ACIP TD04010, ff. 1b-163b von Band 5 [Nyi] im Teil *„Sutra-Sammlung"* [Sūtra, mDo-mang] des bKa'-'gyur [lHa-sa Ausgabe]).

S15 Maitreya (Tib.: Byams-pa), diktiert an Asaṅga (Tib.: Thogs-med), ca. 350 n. Chr. *Das Juwel der Erkenntnisse,* ein Buch mit Ratschlägen zur Perfektion der Weisheit (Abhisamayālaṃkāra Nāma Prajñāpāramitopadeśa Śāstra) (Tib.: Shes-rab kyi pha-rol tu phyin-pa'i man-ngag gi bstan-bcos mNgon-par rtogs-pa'i rgyan, tibetische Übersetzung in ACIP TD03786, ff. 1b-13a von Band 1 [Ka] im Teil *„Perfektion der Weisheit"* [Prajñāpāramitā, Shes-phyin] des bsTan-'gyur [sDe-dge-Ausgabe]).

S16 Maitreya (Tib.: Byams-pa), diktiert an Asaṅga (tib.: Thogs-med), ca. 350 n. Chr. *Das Juwel der Sutren des Großen Weges, in Verse gesetzt* (Mahāyāna Sūtrālaṃkāra Nāma Kārikā) (Tib.: Theg-pa chen-po mdo-sde'i rgyan zhes-bya-ba'i tsig-le'ur byas-pa, tibetische Übersetzung in ACIP TD04020, ff. 1b-39a von Band 44 [Phi] im Teil *„Nur-Geist"* [Cittamatra, Sems-tzam] des bs-Tan-'gyur [sDe-dge Ausgabe]).

S17 Vasubandhu (Tib.: dByig-gnyen), ca. 350 n. Chr. *Das Schatzhaus des höheren Wissens,* in Verse gefasst (Abhidharma Koṣa Kārikā) (Tib.: Chos mngon-pa'i mdzod kyi tsig-le'ur byas-pa, tibetische Übersetzung in ACIP TD04089, ff. 1b-25a von Band 2 [Ku] im Teil *„Höheres Wissen"* [Abhidharma, mNgon-pa] des bsTan-'gyur [sDe-dge Ausgabe]).

S18 Śākyamuni Buddha (Tib.: Sh'akya thub-pa), 500 v. Chr. *Ein erhabenes Sutra des Großen Weges, erbeten von Anavatapta, König der Drachen* (Ārya Anavatapta Nāga Rāja Paripṛcchā Mahāyāna Sūtra) (Tib.: ,Phags-pa Klu'i rgyal-po Ma-dros-pas zhus-pa zhes-bya-ba theg-pa chen-po'i mdo, tibetische Übersetzung in ACIP KL00156, ff. 314a-383a von Band 12 [Na] im Teil *„Sutras"* [Sūtra, mDo-mang] des bKa'-'gyur [lHa-sa Ausgabe]).

S19 Śākyamuni Buddha (Tib.: Sh'akya thub-pa), 500 v. Chr. *Ein erhabenes Sutra des Großen Weges mit dem Titel „Verkündung des Nektars der Unsterblichkeit"* (Ārya Amṛta Vyāharaṇa Nāma Mahāyāna Sūtra) (Tib.: ,Phags-pa bDud-rtzi brjod-pa zhes-bya-ba theg-pa chen-po'i mdo, tibetische Übersetzung in ACIP KL00197, ff. 428b-433b von Band 15 [Ba] im Teil *„Sutra-Sammlung"* [Sūtra, mDo-mang] des bKa'-'gyur [lHa-sa Ausgabe]).

S20 Śākyamuni Buddha (Tib.: Sh'akya thub-pa), 500 v. Chr. *Die letzte Geheimlehre* [der Geheimen Sammlung] (Guhyasamāja Uttaratantra*) (Tib.: [gSang-ba ,dus-pa] rGyud phyi-ma, tibetische Übersetzung in ACIP KL00443, ff. 521b-536a von Band 4 [Nga] im Teil *„Geheimlehren"* [Tantra, rGyud] des bKa'-'gyur [lHa-sa-Ausgabe]).

S21 Śākyamuni Buddha (Tib.: Sh'akya thub-pa), 500 v. Chr. *Die Erhabene Kurzdarstellung der Perfektion der Weisheit, in Versen* (Ārya Prajñā Pāramitā Sañcaya Gāthā) (Tib.: ,Phags-pa Shes-rab kyi pha-rol tu phyin-pa sdud-pa tsigs-su bcad-pa, tibetische Übersetzung in ACIP KL00013, ff. 189a-215a von Band 1 [Ka] im Teil *„Andere Lehren über die Perfektion der Weisheit"* [Citra Prajñā Pāramitā*, Sher-phyin sna-tsogs] des bKa'-'gyur [lHa-sa-Ausgabe]).

S22 Śākyamuni Buddha (Tib.: Sh'akya thub-pa), 500 v. Chr. *Ein erhabenes Sutra des Großen Weges mit dem Titel „Eine Beschreibung der Lebensweise des Bodhisattvas"* (Ārya Bodhisattva Carya Nirdeśa Nāma Mahāyāna Sūtra) (Tib.: ,Phags-pa Byang-chub sems-dpa'i spyod-pa bstan-pa zhes-bya-ba theg-pa chen-po'i mdo, tibetische Übersetzung in ACIP KL00184, ff. 153a-167a von Band 15 [Ba] im Teil *„Sutra-Sammlung"* [Sūtra, mDo-mang] des bKa'-'gyur [lHa-sa Ausgabe]).

S23 Śākyamuni Buddha (Tib.: Sh'akya thub-pa), 500 v. Chr. *Die Erhabene, die Herrin der Eroberung, das Herz der Perfektion der Weisheit* (Ārya Bhagavatī Prajñā Pāramitā Hṛdaya) (Tib.: ‚Phags-pa bCom-ldan-'das-ma shes-rab kyi pha-rol tu phyin-pa'i snying-po, tibetische Übersetzung in ACIP KL00021, ff. 259a-261a von Band 1 [Ka] im Teil *„Andere Lehren über die Perfektion der Weisheit"* [Vicitra Prajñā Pāramitā*, Sher-phyin sna-tsogs] des bKa'-'gyur [lHa-sa-Ausgabe]). Für das Sanskrit haben wir uns in erster Linie auf die Ausgabe von Edward Conze gestützt, wobei wir Änderungen auf Grundlage anderer Ausgaben vorgenommen haben, wenn diese eher der Quelle unserer tibetischen Version zu ensprechen scheinen, und wir haben auch, so gut es uns möglich war, einige eigene Korrekturen vorgenommen! Siehe: Conze, Edward (1904–1979), *„Text, Sources, and Bibliography of the Prajñāpāramitā-hṛdaya"*, S. 33-51, Vol. 80, Issue 1-2, April 1948, The Journal of the Royal Asiatic Society of Great Britain and Ireland (London: Royal Asiatic Society of Great Britain and Ireland, 1948).

S24 Śākyamuni Buddha (Tib.: Sh'akya thub-pa), 500 v. Chr. *Die Herrin der Eroberung, das Herz der Perfektion der Weisheit* (Bhagavatī Prajñā Pāramitā Hṛdaya) (Tib.: bCom-ldan-'das-ma shes-rab kyi pha-rol tu phyin-pa'i snying-po, tibetische Übersetzung in ACIP KL00531, ff. 45a-47a von Band 10 [Tha] im Teil *„Geheimlehren"* [Tantra, rGyud] des bKa'-'gyur [lHa-sa-Ausgabe]).

S25 Śākyamuni Buddha (Tib.: Sh'akya thub-pa), 500 v. Chr. *Ein erhabenes Sutra des Großen Weges, erbeten von der älteren Frau* (Ārya Mahallikā Paripṛcchā Mahāyāna Sūtra) (Tib.: ‚Phags-pa bGres-mos zhus-pa zhes-bya-ba theg-pa chen-po'i mdo, tibetische Übersetzung in ACIP KL00171, ff. 495a-502a von Band 13 [Pa] im Teil *„Sutras"* [Sūtra, mDo-mang] des bKa'-'gyur [lHa-sa Ausgabe]).

S26 Śākyamuni Buddha (Tib.: Sh'akya thub-pa), 500 v. Chr. *Ein erhabenes Sutra des Großen Weges mit dem Titel „Darstellung der Drei Gelübde"*, ein Abschnitt innerhalb der *hunderttausend Wiederholungen des Dharma,* bekannt als *„Der große Berg seltener und kostbarer Juwelen"* (Ārya Mahāratnakūṭa Dharmaparyāya Śatasāhasrika Granthe Trisaṃvara Nirdeśa Parivartana Nāma Mahāyāna Sūtra) (Tib.: ‚Phags-pa dKon-mchog brtzegs-pa chen-po'i chos kyi rnam-grangs stong-phrag brgya-pa las, sDom-pa gsum bstan-pa'i le'u zhes-bya-ba theg-pa chen-po'i mdo, tibetische Übersetzung in ACIP

KL00045, ff. 1b-68b von Band 1 [Ka] im Teil *„Berg von Juwelen"* [Ratnakūṭa, Dkon-brtzegs] des bKa'-'gyur [Lha-sa-Ausgabe]).

S27 Śākyamuni Buddha (Tib.: Sh'akya thub-pa), 500 v. Chr. *Die Spitze des Diamanten: Eine Geheime Lehre der großen Praxis des Geheimen* (Vajra Śekhara Mahāguhya Yoga Tantra) (Tib.: gSang-ba rnal-'byor chen-po'i rgyud rDo-rje rtze-mo, tibetische Übersetzung in ACIP KL00480, ff. 320a-520a von Band 6 [Cha] im Teil *„Geheimlehren"* [Tantra, rGyud] des bKa'-'gyur [Lha-sa-Ausgabe]).

S28 Śākyamuni Buddha (Tib.: Sh'akya thub-pa), 500 v. Chr. *Der Diamantschneider, eine erhabene Darstellung der Perfektion der Weisheit* (Ārya Vajracchedikā Nāma Prajñā Pāramitā Mahāyāna Sūtra) (Tib.: ,Phags-pa shes-rab kyi pha-rol tu phyin-pa rDo-rje gcod-pa zhes-bya-ba theg-pa chen-po'i mdo, tibetische Übersetzung in ACIP KL00016, ff. 215a-235b von Band 1 [Ka] im Teil *„Andere Lehren über die Perfektion der Weisheit"* [Citra Prajñā Pāramitā*, Sher-phyin sna-tsogs] des bKa'-'gyur [lHa-sa-Ausgabe]).

S29 Śākyamuni Buddha (Tib.: Sh'akya thub-pa), 500 v. Chr. *Die Perfektion der Weisheit in 100.000 Zeilen* (Śatasahasrika Prajñā Pāramitā) (Tib.: Shes-rab kyi pha-rol tu phyin-pa sTong-phrag brgya-pa, tibetische Übersetzung in ACIP KL00008, in 12 Teilen: Bände 1-12 [Ka-Na] im Teil *„Perfektion der Weisheit in 100.000 Zeilen"* [Śatasahasrika, ,Bum] des bKa'-'gyur [lHa-sa-Ausgabe]).

S30 Śākyamuni Buddha (Tib.: Sh'akya thub-pa), 500 v. Chr. *Die glorreiche Geheimsammlung, König aller Lehren des Geheimnisses* (Śrī Guhya Samāja Mahātantra Rāja Nāma) (Tib.: dPal gSang-ba ,dus-pa zhes-bya-ba rgyud kyi rgyal-po chen-po, tibetische Übersetzung in ACIP KL00442, ff. 431b-521b von Band 4 [Nga] im Teil *„Geheimlehren"* [Tantra, rGyud] des bKa'-'gyur [lHa-sa-Ausgabe]). Beachten Sie, dass dieses Werk nicht genau der Version entspricht, die in der Derge-Ausgabe unter der gleichen Katalognummer zu finden ist.

S31 Śākyamuni Buddha (Tib.: Sh'akya thub-pa), 500 v. Chr. *Ein erhabenes Sutra des Großen Weges mit dem Titel „Enträtselung des wahren Gedankens"* (Ārya Saṃdhi Nirmocana Nāma Mahāyāna Sūtra) (Tib.: ,Phags-pa dGongs-pa nges-par ,grel-pa zhes-bya-ba theg-pa chen-po'i mdo, tibetische Übersetzung in ACIP KL00106, ff. 1b-87b von Band 5 [Ca] im Teil *„Sutra"* [Sūtra, mDo-mang] des bKa'-'gyur [lHa-sa Ausgabe]). Wir haben diesen Titel auch mit *„Was ich wirklich gemeint habe"* übersetzt.

S32 Śākyamuni Buddha (Tib.: Sh'akya thub-pa), 500 v. Chr. *Das große Buch der Geheimnisse mit dem Titel „Der perfekte Kuss"* (Sampuṭi Nāma Mahātantra) (Tib.: Yang-dag-par sbyor-ba zhes-bya-ba'i rgyud chen-po, tibetische Übersetzung in ACIP KL00381, ff. 354b-482a von Band 3 [Ga] im Teil *„Geheimlehren"* [Tantra, rGyud] des bKa'-'gyur [lHa-sa-Ausgabe]).

S33 Śākyamuni Buddha (Tib.: Sh'akya thub-pa), 500 v. Chr. *Ein erhabenes Sutra des Großen Weges mit dem Titel „Die verschiedenen Manifestationen der einen Natur der Dinge, der König der Konzentration"* (Ārya Sarva Dharma Svabhāva Samatā Vipañcita Samādhi Rāja Nāma Mahāyāna Sūtra) (Tib.: ,Phags-pa Chos thams-cad kyi rang-bzhin mnyam-pa nyid rnam-par spros-pa Ting-nge-'dzin gyi rgyal-po zhes-bya-ba theg-pa chen-po'i mdo), tibetische Übersetzung in ACIP KL00127, ff. 1b-269b von Band 9 [Ta] im Teil *„Sutra-Sammlung"* [Sūtra, mDo-mang] des bKa'-'gyur [lHa-sa Ausgabe]).

S34 Śāntarakṣita (Tib.: Zhi-ba ,tso), ca. 750 n. Chr. *Ein Kommentar zum „Juwel des Mittleren Weges"* (Madhyāmakālaṃkāra Vṛtti) (Tib.: dBu-ma rgyan gyi ,grel-pa, tibetische Übersetzung in ACIP TD03885, ff. 56b-84a von Band 12 [Sa] im Teil *„Mittlerer Weg"* [Madhyāmaka, dBu-ma] des bsTan-'gyur [sDe-dge-Ausgabe]).

S35 Śāntideva (Tib.: Zhi-ba lha), ca. 750 n. Chr. *Ein Leitfaden zur Lebensweise eines Bodhisattvas* (Bodhisattva Caryāvatāra) (Byang-chub sems-dpa'i spyod-pa la ,jug-pa, tibetische Übersetzung in ACIP TD03871, ff. 1b-40a von Band 10 [La] im Teil *„Mittlerer Weg"* [Madhyāmaka, dBu-ma] des bsTan-'gyur [sDe-dge Ausgabe]).

S36 Sthiramati (Tib.: Blo-gros brtan-pa), ca. 500 n. Chr. *Ausführlicher Kommentar zum Autokommentar zum „Schatzhaus des höheren Wissens"* (Abhidharma Koṣa Bhāṣya Ṭīkā Tattvārtha Nāma) (Tib.: Chos mngon-pa mdzod kyi bshad-pa'i rgya-cher ,grel-pa, tibetische Übersetzung in ACIP TD04421, ff. 1b-426a von Band 6 [Tho] im Teil *„Sonstiges"* [Citra, sNa-tsogs] des bsTan-'gyur [sDe-dge edition]).

S37 Haribhadra (Tib.: Seng-ge bzang-po), ca. 775 n. Chr. *Ein Kommentar zu „Das Juwel der Erkenntnisse, ein Buch mit Ratschlägen zur Perfektion der Weisheit"* (Abhisamayālaṃkāra Nāma Prajñāpāramitā Updeśa Śāstra Vṛtti) (Tib.: Shes-rab kyi pha-rol tu phyin-pa'i man-ngag gi bstan-bcos mNgon-par rtogs-pa'i rgyan zhes-bya-ba'i ‚grel-pa; tibetischer Kurztitel, ‚Grel-pa don-gsal, tibetische Übersetzung in ACIP TD03793, ff. 78b-140a von Bd. 7 [Ja] im Teil *„Perfektion der Weisheit"* [Prajñāpāramitā, Shes-phyin] des bsTan-'gyur [sDe-dge-Ausgabe]).

S38 Haribhadra (Tib.: Seng-ge bzang-po), ca. 775 n. Chr. *Eine Erleuchtung des „Juwels der Erkenntnisse": Eine Erläuterung der erhabenen Perfektion der Weisheit in 8.000 Zeilen* ([in situ:] Ārya Prajñāpāramitā Aṣṭasahasrikā Vyākhyā Abhisamayālaṃkāra Āloka) (Tib.: ‚Phags-pa Shes-rab kyi pha-rol tu phyin-pa brGyad-stong-pa'i bshad-pa, mNgon-par rtogs-pa'i rgyan gyi snang-ba, tibetische Übersetzung in ACIP TD03791, ff. 1b-341a von Band 6 [Cha] im Teil *„Perfektion der Weisheit"* [Prajñāpāramitā, Shes-phyin] des bsTan-'gyur [sDe-dge-Ausgabe]).

Bibliografie der ursprünglich auf Tibetisch geschriebenen Werke

Hinweis: Aufgeführt in alphabetischer Reihenfolge auf Tibetisch nach dem Namen des Autors und dann nach dem Titel.

B1 Ke'u-tsang Blo-bzang ,jam-dbyangs smon-lam (geb. 1689). *Die Kette des reinen weißen Lichts zur Erklärung der Bedeutung der Lehren der Fähigen Buddhas: Erläuterung einer in Versen geschriebenen Zusammenfassung der Regeln für vollordinierte Mönche* (dGe-slong gi bslab-bya'i sdom-tsig gi rnam-bshad Thub-bstan gsal-byed ,od-dkar phreng-ba, ACIP S06519), ff. 157a-273a.

B2 (Gung-thang) dKon-mchog bstan-pa'i sgron-me (1762–1823). *Eine erstaunliche Maschine von Worten der Eloquenz: Schriften über den Kreis der Exzellenz* [eine Art poetisches Diagramm] in verschiedenen Formen, wie das Rad der Exzellenz, verbunden mit den Lebensgeschichten der heiligen Wesen der frühen Bewahrer des Wortes (der Kadampas) (bKa'-gdams gong-ma'i rnam-thar dang ,brel-ba'i kun-bzang ,khor-lo sogs kun-'khor sna-tsogs kyi skor Ngo-mtsar ,phrul gyi legs-bshad, ACIP S00960), ff. 1a-11a.

B3 mKhas-grub rje (dGe-legs dpal bzang-po) (1385–1438). *Das Öffnen der Augen der Glückseligen: Ein klassischer Kommentar, der die wahre Natur der tiefen Leerheit erhellt* (Zab-mo stong-pa-nyid kyi de-kho-na-nyid rab tu gsal-bar byed-pa'i bstan-bcos sKal-bzang mig-'byed, ACIP S05459), ff. 1a-179a. Allgemein bekannt unter dem Namen *Das große Interludium über die Leerheit* (sTong-thun chen-mo).

B4 (Co-ne bla-ma) Grags-pa bshad-sgrub (1675–1748). *Eine Erklärung des Herzens der Weisheit mit dem Titel „Die Sonne, die das Wesen des Tiefgründigen erleuchtet"* (Shes-rab snying-po'i rnam-bshad Zab-mo'i de-kho-na-nyid gsal-bar byed-pa'i nyi-ma, ACIP S00220), ff. 1a-20a. Als Basisausgabe haben wir den manchmal schwer zu lesenden, aber vorzuziehenden Holzschnitt-Scan des Buddhist Digital Research Center (BDRC, früher bekannt als TBRC oder Tibetan Buddhist Research Center) mit dem Dateinamen „W8LS16868-I8LS16890-1-582-any" verwendet. Als Backup haben wir die moderne Computersatz-Publikation des BDRC mit dem Dateinamen „W1PD90129-I1PD106870-236-276-any" verwendet.

B5 (Bse) Ngag-dbang bkra-shis (1678–1738). *Die Hoffnungen der Glückseligen erfüllt: Eine Halskette für die Weisen, eine großartige Erklärung bestimmt für alle drei Arten von Menschen, jene mit höchster, mittlerer und geringer Kapazität, die auch die „Bedeutung des Kommentars zur gültigen Wahrnehmung beinhaltet", jenes große klassische Werk, das selbst die wahre Absicht der Lehren zur gültigen Wahrnehmung kommentiert* (Tsad-ma'i dgongs-'grel gyi bstan-bcos chen-po rNam-'grel gyi don gcig tu dril-ba Blo rab ‚bring tha-ma gsum du ston-pa legs-bshad chen-po mKhas-pa'i mgul-brgyan skal-bzang re-ba kun-skong, ACIP S25009), ff. 1b-31a.

B6 (Chos-rje) Ngag-dbang dpal-ldan (geb. 1806). *Eine Lampe, die die Bedeutung der großen Mutter vollständig erhellt, bestehend aus interlinearen Kommentaren zum [ersten Kapitel des] Überblicks über die Perfektion der Weisheit.* (Phar-phyin spyi-don gyi zur-mchan Yum-don rab-gsal sgron-me, ACIP S00982), in 4 Bänden von 112ff; 29ff; 74ff; und 43ff.

B7 (Chos-rje) Ngag-dbang dpal-ldan (geb. 1806). *Einer Tradition der Eloquenz folgen: Ein Wort-für-Wort-Kommentar zum „Betreten des Mittleren Weges"* (dBu-ma la ‚jug-pa'i tsig-'grel Legs-bshad rjes-'brang, ACIP S00981), ff. 1a-189a.

B8 (‚Jam-dbyangs bzhad-pa sku-phreng dang-po) ‚Jam-dbyangs bzhad-pa'i rdo-rje Ngag-dbang brtzon-'grus (1648–1721). *Die Juwelenlampe, die alle Bedeutungen der Perfektion der Weisheit erhellt: Eine dialektische Analyse des klassischen Kommentars, bekannt als das „Juwel der Erkenntnisse"* (bsTan-bcos mngon-par rtogs-pa'i rgyan gyi mtha'-dpyod Shes-rab kyi pha-rol tu phyin-pa'i don kun gsal-ba'i rin-chen sgron-me, ACIP S19088), ff. 1a-290a.

B9 (‚Jam-dbyangs bzhad-pa sku-phreng dang-po) ‚Jam-dbyangs bzhad-pa'i rdo-rje Ngag-dbang brtzon-'grus (1648–1721). *Eine vollständige Klärung der Position, die von den Siegern der drei Zeiten eingenommen wird, ein klassischer Kommentar, der eine Fundgrube von Juwelen aus den Lehren der Fähigen ist: Ein Kommentar zum wahren Gedanken jener höchsten Lehre, dem „Schatzhaus des höheren Wissens"* (Dam-pa'i Chos mngon-pa mdzod kyi dgongs-'grel gyi bs-tan-bcos Thub-bstan nor-bu'i gter-mdzod dus gsum rGyal-ba'i bzhad-don kun-gsal, ACIP S19100), in 8 Bänden.

B10 rJe Tzong-kha-pa bLo-bzang grags-pa (1357–1419). Der *„Kommentar des Kommentars, in Anmerkungen": Eine Offenbarung der Bedeutung der Worte in*

„Die Lampe der Erleuchtung", ein umfassender Kommentar zum König aller Geheimlehren, der glorreichen geheimen Sammlung (Guhyasamaja) (rGyud thams-cad kyi rgyal-po dpal gSang-ba ,dus-pa'i rgya-cher bshad-pa sGron-ma gsal-ba'i tsig-don ji-bzhin ,byed-pa'i mtsan gyi yang-'grel, ACIP S05282), ff. 1a-476a.

B11 rJe Tzong-kha-pa (Blo-bzang grags-pa) (1357–1419). *Ozean der Wolken der Lobpreisung, komponiert, um Sanfte Stimme zu erfreuen: Eine Lobrede auf den Heiligen Manjushri,* (rJe-btzun ,Jam-pa'i dbyangs la bstod-pa ,Jam-dbyangs mnyes-par byed-pa'i bstod-sprin rgya-mtso, ACIP S05275-33), ff. 28a-33a.

B12 rJe Tzong-kha-pa (Blo-bzang grags-pa) (1357–1419). *Die Essenz der gut gesprochenen Worte: Ein Lob des unübertroffenen Lehrers, weil er die tiefgründigen Lehren zur Kreation der Abhängigkeit gesprochen hat* (sTon-pa bla-na-med-pa la zab-mo rten cing ,brel-par ,byung-ba gsung-ba'i sgo nas bstod-pa Legs-par bshad-pa'i snying-po, ACIP S05275-15), ff. 13a-16a.

B13 rJe Tzong-kha-pa Blo-bzang grags-pa (1357–1419). *Die Erleuchtung des wahren Gedankens, eine Erläuterung des großartigen klassischen Kommentars mit dem Titel „Das Betreten des Mittleren Weges"* (bsTan-bcos chen-po dBu-ma la ,jug-pa'i rnam-bshad dGongs-pa rab-gsal, ACIP S05408), ff. 1a-267a.

B14 rJe Tzong-kha-pa (Blo-bzang grags-pa) (1357–1419). *Eine Erläuterung der „Fünfzig Verse über Lamas"* (Bla-ma lnga-bcu-pa'i rnam-bshad, ACIP S05269), ff. 1a-29a.

B15 (mKhas-grub) bsTan-pa dar-rgyas (1493–1568). *Die Girlande der weißen Lotosblumen: Eine feine Erklärung der dialektischen Analyse für den klassischen Kommentar mit dem Titel „Das Ornament der Erkenntnisse", zusammen mit seinem eigenen Kommentar* (bsTan-bcos mNgon-par rtogs-pa'i rgyan ,grel-pa dang bcas-pa'i mtha'-dpyod legs-par bshad-pa Pad-ma dkar-po'i ,phreng-ba, ACIP S00001), in 8 Bänden: Bd. 1, 77ff; Bd. 2, 54ff; Bd. 3, 56ff; Bd. 4, 55ff; Bd. 5, 20ff; Bd. 6, 68ff; Bd. 7, 25ff; Bd. 8, 27ff.

B16 (mKhas-grub) bsTan-pa dar-rgyas (1493–1568). *Eine Beleuchtung des „Juwels der Essenz der guten Erklärung" – ein Überblick über den Grundtext und den Kommentar zum klassischen Kommentar, der als „Das Juwel der Erkenntnisse" bekannt ist* (bsTan-bcos mNgon-par rtogs-pa'i rgyan rtza-'grel gyi spyi-don rNam-bshad snying-po rgyan gyi snang-ba phar-phyin spyi-don, ACIP

S00009), in 6 Bänden: Bd. 1 (Kommentar zum ersten Kapitel), 141ff; Bd. 2 (zweites Kapitel), 37ff; Bd. 3 (drittes Kapitel), 15ff; Bd. 4 (viertes Kapitel), 65ff; Bd. 5 (fünftes bis siebtes Kapitel), 21ff; und Bd. 6 (achtes Kapitel), 24ff.

B17 sNa-tsogs (verschiedene Autoren). *Ein Kompendium der liturgischen Texte, die in den verschiedenen großen Klöstern verwendet werden, zusammen mit liturgischen Werken, die einzigartig für das Kloster Sera Mey und für den Gebrauch seiner Mitglieder bestimmt sind* (Chos-sde chen-po rnams su gsungs-pa'i chos-spyod kyi rim-pa dang Ser-smad thos-bsam nor-gling grva-tsang gi thun-mong-ma-yin-pa'i nye-mkho chos-spyod bcas, ACIP S00207), ff. 1a-228a.

B18 Pha-bong kha-pa bDe-chen snying-po (1878–1941). *Der Schlüssel, der die Tür zum exzellenten Pfad öffnet: Notizen zu einer Erklärung, die gewährt wurde, als der Hüter des Diamanten, der gute und glorreiche Pabongka, tiefgründige Lehren über „Die drei Hauptpfade" gewährte* (rDo-rje ,chang Pha-bong kha-pa dpal bzang-pos Lam-gtzo'i zab-khrid stzal skabs kyi gsung-bshad zin-bris Lam-bzang sgo-'byed, ACIP S00034), ff. 1a-41a.

B19 (Gung-thang) Blo-gros rgya-mtso (1851–1930). *Eintrittspunkt für die Glücklichen: Eine Klärung des wahren Gedankens in zwei Werken: „Die kostbare Lampe" (eine Analyse der Perfektion der Weisheit durch den höchsten Jamyang Lama) und der kommentierte Kommentar des Herrn, Dipam Tsenchen* (Jam-dbyangs bla-ma mchog gi phar-phyin mtha'-dpyod Rin-chen sgron-me dang rJe Di-pam mtsan-can gyi mchan-'grel gnyis kyi dgongs-don gsal-bar byed-ba sKal-bzang ,jug-ngogs, ACIP S00967), ff. 1a-231a.

B20 (Paṇ-chen bla-ma sku-phreng gnyis-pa) Blo-bzang ye-shes (1663–1737). *Der schnelle Pfad für die Reise zum Zustand der Allwissenheit: Eine Untersuchung der Stufen des Pfades zur Erleuchtung* (Byang-chub lam gyi rim-pa'i dmar-khrid Thams-cad mkhyen-par ,grod-pa'i myur-lam, ACIP S06980), ff. 1a-81a.

B21 (Rong-ston) Shes-bya kun-rig (1367–1449). *Eine vollständige Klärung der Bedeutung der Mutter* (Yum-don rab-gsal, BDRC ref. W28942), 7ff.

B22 (rJe-drung) Shes-rab dbang-po (1500–1586). *Die wahre Absicht noch deutlicher gemacht: Eine Behandlung schwieriger Punkte in der Erklärung des „Betretens des Mittleren Weges" mit dem Titel „Erleuchtung des wahren Gedankens"* (dBu-ma la ,jug-pa'i rnam-bshad dGongs-pa rab-gsal gyi dka'-gnad gtan la ,bebs-pa dGongs-pa yang-gsal, ACIP S00273), ff. 1a-188a.

B23 Se-ra rje-btzun Chos kyi rgyal-mtsan (1469–1546). *Der Überblick von Sera Jetsun über Je Tsongkapas „Kunst der Interpretation"* (rJe-btzun-pa'i Drang-nges rnam-'byed kyi spyi-don, ACIP S06820), ff. 1a-54a.

Bibliografie der ursprünglich in englischer Sprache geschriebenen Werke

E1 (Choney Lama) Drakpa Shedrup (1675–1748). *Sunlight on the Path to Freedom: A Commentary to the Diamond Cutter Sutra, übersetzt von Geshe Michael Roach mit Elizabeth van der Pas* (Diamond Cutter Press, 2019), 495 Seiten. Übersetzt und auf Deutsch erhältlich bei der Edition Blumenau unter dem Titel: *Sonnenlicht auf dem Weg zur Freiheit: Ein Kommentar zum Diamantschneider-Sutra.*

E2 Whitney, William Dwight (1827–1894). *The Roots, Verb-Forms, and Primary Derivatives of the Sanskrit Language* (New Haven: American Oriental Society, 1945) (ACIP R00013), 250 Seiten.